弁護士に学ぶ！
交渉の
読めば身に付く実践的スキル
ゴールデンルール
〔第2版〕

弁護士 奥山倫行 著

発行 民事法研究会

第2版はしがき

　本書の初版の発刊から7年の歳月が過ぎました。その間、多くの読者の皆様に手にとっていただくことができ、感謝しています。また、多くの読者の方々からいただいた感想も、自分自身の交渉についての姿勢や考え方を見直す貴重な機会になりました。読者の皆様、出版社のご担当者様、その他お世話になっている皆様には、この場を借りてあらためて感謝御礼を申し上げます。ありがとうございます。

　さて、この7年間、私は相変わらず札幌で弁護士として業務に携わってきました。幸いなことに、顧問先や関与先の数も増え、業務の量や種類も増え、事務所のメンバーも増えましたが、日々の業務の根幹は、やはり交渉に関する業務です。

　そのような日々の中でより一層深まった認識があります。それは、交渉は、当事者の納得を得るためのプロセスであるということです。交渉というと、こちらの言い分どおりに相手を動かすとか、こちらの言い分を相手に押し付けるとか、少しでも相手より得をしようとかいったイメージをもつ人も多いと思いますが、そのように理解すべきではないのだと思います。

　図表は、Aさんと、Bさんの間で行われる「命令」「討論」「交渉」を表にまとめたものです。命令や討論などとの区別を考えることで、交渉の理解が深まると思いますので、少し説明させていただきます。

	命令	討論	交渉
当事者	ＡとＢ	ＡとＢ	ＡとＢ
成立条件	立場の優劣	第三者の判断	当事者の納得
成立のポイント	立場次第	第三者次第	当事者次第

　まず、命令というのは、たとえば、ＡさんがＢさんに対して「○○をしろ」と命ずる場面です。ＡさんのＢさんに対する指示が通用するためには、Ｂさんが○○をしなければならないわけですが、Ｂさんが○○をするかどうかを決めるのは、ＡさんとＢさんの間の立場の優劣です。したがって、このように命令が通用する関係性においては、対等な立場での交渉ということは成り立ちません。最後には立場の優劣が結論を左右することになるからです。

　次に、討論というのは、たとえば、ＡさんとＢさんがそれぞれの意見を主張し合う場面です。そして、討論においては、判断者がいるので、最終的には判断者が、「Ａさんが正しい」とか「Ｂさんが正しい」ということを判断することになります。弁護士の業務の関係でいえば、調停手続や訴訟手続といった裁判上の手続の中で行われる主張立証は、この区分に含まれるのだと思います。したがって、討論のように判断者がいる場合には、対等な交渉ということは成り立ちません。調停委員や裁判官といった判断者がいて、その判断者から当事者に対して行われる説得や心証の開示が結論を左右することになるからです。

最後に、交渉ですが、交渉は、命令が通用する場面のように立場の優劣や、討論の末に判断者によって結論が決せられるわけではありません。あくまで、AさんとBさんが、話し合いの中で、それぞれが納得できる結論に到達することができるか否かです。Aさんが、Bさんを説得したり、BさんがAさんを説得したりするのではなく、AさんもBさんもお互いに納得することが大切です。交渉の場合には、命令や討論の場合とは異なり、お互いに尊重し合って、相手の立場を理解して、納得し合って、ようやく解決に至ることができるわけです。どちらか一方が納得できなければ、交渉は決裂します。言い換えれば、交渉を成立させるためには、まずは、自分の気持を正しく理解しなければなりませんし、ひょっとすると、それ以上に相手のことを理解しなければなりません。相手の気持を想像したり、相手の内心を探ったり、相手の気づいていない相手の深層心理を気づかせたりといったことをしながら、相手が納得する解決案を見定めて、そこに近づいていく努力をしていかなければならないのです。

　ところが、このような命令、討論、交渉を明確に区別することなく、交渉を進めている人が多いように思います。交渉の場にも関わらず、何とか立場の違いで決着をつけようとしたり、少しでも良いポジショニングに身をおいて相手に圧力をかけて話し合いをまとめようとしたり、主張の優劣や裏付けになる証拠資料の優劣を強調して白黒をつけようとすることが横行しています。しかし、このような姿勢で交渉に臨んでも、お互いが真に納得できるような結論にたどりつくことは容易ではありませんし、かえって解決が遠くなってしまうこともあると思いま

す。良い交渉ができるようになるには、このような交渉に関する誤解を取り除き、少しでも多くの工夫を取り入れながら、当事者の納得を得ることを目標にして経験を積んでいくことが必要なのだと思います。

　繰り返しになりますが、交渉は、当事者の納得を得るためのプロセスです。自分の内心を理解し、相手の内心を探っていかなければなりません。相手の内心がわかれば、交渉も容易いのですが、相手も、そう簡単に内心を開示してはくれません。ここに交渉の難しさの本質があります。本書では、そのような前提を踏まえて、交渉の中で相手の内心を探っていくためのアイデアや知恵をさまざまな観点から紹介させていただいています。皆様にとっても、参考になるアイデアが1つでも多くみつかることを願っています。
　2019年8月

奥 山 倫 行

初版はしがき

はじめに
交渉には誰にでも応用できるノウハウがある

　現代社会は毎日が交渉の連続です。この本を手にしている人は「交渉やもめごとは苦手です……」とか、「毎日、何となく自分なりに交渉しているけど、もっと良い方法があるのではないか……」とか、どちらかというと交渉に不安や苦手意識をもっている人が多いのではないかと思います。

　でも安心してください。交渉には誰にでも身に付けることができるノウハウがあります。それを知っているのと知らないのとでは、また、意識して交渉にのぞむかのぞまないかでは、得られる成果には雲泥の差が生じます。

　私は今年で10年目を迎える弁護士です。

　弁護士になってから最初の５年間は、国際案件や大企業の案件を扱う大規模渉外事務所に勤務していました。そこでは、経済規模の大きい案件を、弁護士や弁理士など複数の専門家で構成するチームでたっぷりと時間をかけて対応するというのが日々の業務の中心でした。交渉の場面で登場する人たちも、一部上場企業や一流企業といわれる組織に属する方々がほとんどでした。そこではスマートで理詰めの交渉を数多く経験することができました。

次の５年間は、独立して故郷の札幌で自分たちの事務所を開設して業務を行ってきました。そこでは、１件１件の経済規模は小さくなりましたが、自分ひとりで担当する案件の数と種類は飛躍的に増加しました。交渉の場面で登場する人たちも、いわゆる事件屋や示談屋や暴力団、企業の法務部、中小企業の社長、番頭、税務署、官公庁、ビジネス弁護士、一般民事事件の弁護士、裁判官、警察、検察、漁協、農協、クレーマー、銀行員など幅が広がりました。どちらかというと、泥臭くて立場や感情が入り組む複雑な交渉を数多く経験することができました。

　これらの経験の中で、自分なりに試行錯誤を繰り返しながら実践し、そして蓄積してきたのが、この本で紹介する交渉術です。

　弁護士というと「そもそも交渉ごとや口喧嘩が得意だから弁護士になったんでしょ」と思われるかもしれません。でも、私はどちらかというと口下手なほうですし、口喧嘩だって得意ではありません。平和を好みますし、争いごとも好きではありません。でも、依頼者のためにベストを尽くすという一心で、これまで必死に研究と経験を積み重ねてきました。そんな自分の経験の中から断言できることがあります。「交渉には生まれもった才能は重要ではない。交渉には、誰でも簡単に習得して、すぐに応用できるノウハウがある」ということです。ぜひ、この本で今からすぐに実践できるノウハウを身に付けて、日々の生活やビジネスの中で、実りある成果を手にしていただきたいと願っています。

　2012年11月

奥 山 倫 行

[交渉は共に合意に達するためのプロセスである]

(時間の流れ)

(会議室を上から見た図)

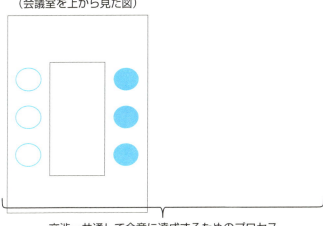

交渉＝共通して合意に達成するためのプロセス
（いっしょに行う共同作業）

弁護士に学ぶ！　交渉のゴールデンルール〔第2版〕

目　次

第1章　交渉前

1	アポイント	アポイントは書面でとろう！ ………… 5
2	場所	交渉場所は自分のテリトリーで……………10
3	場所	相手のテリトリーに行かなければならない場合には？……………………………14
4	時間	有利な時間帯を設定しよう！ ………17
5	時間	交渉には遅刻しない？……………………22
6	時間	時間を確保しよう！　時間あり気にふるまおう！ ……………………………27
7	準備	獲得目標を明確にしよう！………32
8	準備	最終ラインを決定しよう！ ……………37
9	役割	効果的なプレイヤーでのぞもう！ …………40
10	役割	役割を決めて演じきろう！ …………45
11	役割	相手との窓口は一本化しよう！ ……………50
12	資料	十分な資料を用意しよう！ ……………53
13	座席	座席の配置と座り方に気を配ろう！……58
14	服装	服装を意識しよう！ ……………………61
15	持ち物	テープレコーダーやデジカメの活用を！ …65
16	警備	警察や警備会社への事前連絡を忘れ

		ずに………………………………………………69
17	準備	交渉は情報戦だと理解しよう！…………74
18	準備	交渉は心理戦だと理解しよう！…………79
19	準備	交渉はプレッシャーのかけ合いである………84

第2章 交渉の場面で

20	会話	はじめのひとことで「ラポール」を築く………………………………………92
21	会話	交渉における基本的なスタンスは？…………97
22	観察	相手を観察しよう！…………………………101
23	想像	相手の組織を考えて効果的な対応を！………106
24	会話	効果的な声の大きさやトーンや速度を選ぼう！…………………………………110
25	会話	相手の土俵で戦わない………………………112
26	会話	食べる？ 食べない？ 食べない？ 食べる？………………………………………115
27	表現	ストーリーで語ろう…………………………121
28	表現	語りすぎは墓穴を掘り、語り足らずは追い込まれる…………………………………126
29	表現	理由をつけてあげよう！……………………128
30	表現	方言や数字を使おう…………………………132
31	表現	沈黙を使おう！………………………………135
32	表現	ダメなふりや馬鹿なふり……………………138
33	駆け引き	メリットを与えよう……………………141
34	駆け引き	メリットをもらおう……………………145

35	駆け引き	損したふりして得をする……………… 148
36	駆け引き	言質をとられたら？………………… 151
37	駆け引き	相手がされて嫌がることを探る……… 154
38	駆け引き	ほめる・おだてる………………… 156
39	駆け引き	脅す……………………………… 158
40	記録	メモのとり方と記録の残し方………… 162

第3章　交渉のクローズの場面で

41	クローズ	クローズの心がけ………………… 168
42	クローズ	適切な書面を取り交わそう！………… 171
43	クローズ	欲張りすぎない、勝ちすぎない……… 175
44	クローズ	今回で終わりではない……………… 177

第4章　弁護士による交渉のノウハウ　Q&A

第1　交渉を進める前の基本姿勢…………………………… 180

Q-1	一般的に「交渉」とは何でしょうか？ ………… 180
Q-2	弁護士が行う交渉において心掛けるべきことは何でしょうか？ ……………… 180
Q-3	弁護士が行う交渉の目的は？ ……………… 180
Q-4	弁護士が行う交渉の目標は？ ……………… 181
Q-5	弁護士が行う交渉のスタートラインで心がけるべきことは何でしょうか？ ……………… 181

Q-6 依頼者の本当の意向を確認するうえで犯しがちな失敗は？ ……………………… 181

Q-7 交渉に先立ち大切なことは何ですか？ ………… 182

Q-8 交渉に先立ち次に大切なことは何ですか？ …… 182

Q-9 交渉の方法としては、面会、電話、メール、書面、どの方法を基本とすべきですか？ ……… 183

第2 交渉中の確認事項……………………………… 184

Q-10 条件提示は最初にした方が良いですか？後からした方が良いですか？ ……………………… 184

Q-11 条件に関する話し合いの中で交渉中に気をつけることはありますか？ ……………………… 184

Q-12 こちらから条件を提示するときの内容について意識すべきことはありますか？ ………… 185

Q-13 どのくらい高めの条件から提示した方が良いのでしょうか？ ………………………… 185

Q-14 こちらから条件を提示するときに、その他に注意すべきことはありますか？ …………… 186

Q-15 相手から条件提示を受けたときに注意することはありますか？ ……………………… 186

Q-16 相手から条件提示を受けた後にどうすれば良いですか？ ……………………………… 187

Q-17 譲歩するときの工夫はありますか？ …………… 187

Q-18 相手が譲歩してきました。こちらも応じても良さそうな条件です。すぐに応じて良いですか？ ………………………………… 188

Q-19 条件がまとまった場合、示談書などの合意書面を作成する際の注意点はありますか？ … 188

第3　交渉術……………………………………………… 189

Q-20 「Aは良いけど、高い」「Aは高いけど、良い」の2つの言葉はどちらが好印象ですか？ …………………………………………… 189

Q-21 伝えたい情報が複数ある場合には、どのような順番で伝える？ …………………… 189

Q-22 「AかB」だけで大丈夫？ ………………… 190

Q-23 質問の仕方に工夫はありますか？ …………… 190

Q-24 交渉場所の設定について注意すべきことはあるでしょうか？ ……………………… 191

Q-25 交渉の時間帯の設定について注意すべきことはあるのでしょうか？ ……………… 191

Q-26 その他何か知っておいた方が良いことはありますか？ ………………………………… 191

第4　その他……………………………………………… 192

Q-27 クライアントとの信頼関係を築くために何かコツはありますか？ ………………… 192

Q-28 クライアントとの信頼関係を維持するための注意点はありますか？ ……………… 193

Q-29 相手の真意を知るためのコツはありますか？ …………………………………………… 193

Q-30 相手に理解してもらうためのコツはありますか？ ……………………………………… 194

おわりに………………………………………………………… 195

・著者略歴………………………………………………… 197

第1章

交渉前

あなたは交渉前に十分な事前準備をしていますか？

この問いに対しては、おそらく「事前準備はしているよ」とか、「もちろんよく考えているさ」とか、「万全の準備をしているよ」といった答えが返ってくると思います。

交渉の前に何の準備もしないで交渉にのぞむ人は少ないと思います。交渉というと誰しも一定の緊張感を抱いて身がまえてのぞみます。「余計なひとことを言って不利にならないかな……」、「感情的にこじれてしまわないかな……」、「揚げ足をとられたらどうしよう……」とか、交渉を前にして抱く不安は人それぞれだと思います。そういった不安を払拭するために、交渉にのぞむ人は誰しも何らかの準備をしてのぞむものだからです。

でも、あなたがしている準備は「本当に」十分なものといえるでしょうか？

この問いに対しては、「それは人それぞれ違うだろうし……」、「他の人はわからないけど自分はそれなりに準備をしているつもりだけど……」と、多少先ほどの問いよりも不安気な答えが返ってくるのではないでしょうか。

おそらく誰しも自分や自分の会社の意向といった本質的な部分については十分に時間をかけて綿密に考えているのだと思います。準備に時間を割ける人の中には想定問答を用意して交渉にのぞんでいる人だっているかもしれません。

でも、それだけでは本当に十分な準備とはいえないのです。

　交渉を有利に進めていくためには、交渉内容や自社の意向や相手の質問に対する回答など交渉の本質的な部分（＝「本丸」）だけではなく、「本丸」の周辺にある「二の丸」や「三の丸」の準備こそが「肝」になるのです。そのあたりまで本当に十分な準備をされている人は少ないと思います。

では、「本丸」の周辺にある「二の丸」や「三の丸」とは何でしょうか？

　それは、①アポイントを書面やメールでとるのか電話でとるのか、②面会の場所はどこにするか、③面会の時間は何時に設定するのか、④面会の場所には何時に到着するべきなのかといった、交渉の土俵やステージの設定の仕方に関する部分です。

　あなたが経験したこれまでの交渉を思い出してみてください。交渉にのぞむ際に、何気なく相手と日程調整をして、決まった日程に何気なく相手の会社や相手の指定する場所を訪問して、受付や相手に何気なく案内された席に座って、そして、何気なく相手がくるのを待って……。いよいよ、そこから交渉をスタートする。そういった形で交渉をしていませんでしたか？

　１つでも思い当たる人は要注意です。交渉にのぞむ心がまえとしては不十分ですし、すでに相手の術中にはまっている可能性だってあるのです。**交渉における駆け引きはアポイントをと**

第1章

交渉前

る時点ですでに始まっています。逆に、自分の用意した方法で
アポイントをとり、自分で交渉の日程や場所をコントロールし
ていくことができれば、その段階で、相当有利に交渉を展開し
ていくことが可能になります。オセロで最初にどこに石を置く
のか。それをよく考えるべきことと同じなのです。

　以下、順に説明していきます。

[交渉に対する心がまえ]

交渉の二の丸・三の丸

アポイントのとり方・日程・
時間・服装・場所 etc

ここの備えが重要

交渉の本丸

交渉の獲得目標

1.

アポイント

アポイントは書面でとろう！

まず大切なのはアポイントをとる方法です。

　アポイントは、電話、メール、LINE、FAX などさまざまな方法でとることができます。だから交渉のアポイントについても深く考えずにさまざまな方法でとっている人が多いと思います。でも、これからはこれまでのように何となくさまざまな方法で……という姿勢を捨ててください。

　アポイントをとる際の基本は FAX やメールなど、記録に残る形で行うということです。かりに、電話でアポイントをとった場合も「確認のためにあとで FAX（メール）を流します」と伝えてあとで書面を送るようにしていきます。

アポイントを FAX やメールで行うのはなぜか？

　これは、１つ目として、交渉でありがちな「言った、言わない」とか、「約束した、約束していない」を排除するという意味があります。この「言った、言わない」は、交渉過程の中で意識的に排除していかなければなりません。

　また、２つ目として、交渉がこじれた場合の最終的な解決の

ステージである「裁判」になった場合に備えて、少しでも有利な証拠を蓄積していくという意味があります。こじれた交渉の最終局面は、裁判所を通じての解決です。その際に重要視されるのは、書面による証拠の有無です。学者の先生が書いた「交渉学」の本を何冊も読んでいますが、裁判を意識していない記述ばかりです。交渉の過程から交渉がこじれた際の最終局面である裁判の場面を常に想定しておかなければ、最後の最後で足をすくわれかねないのです。

そして、アポイントを書面でとる際には、記録の残し方も意識してください。

たとえば、FAXを送付した際には、送信済みになっていることを確認したうえで、「10時32分　送信済み」などと送信記録の余白にペンで書き込んで原本として保管しておきます（FAXの本文に日付の記載がない場合には日付も記載します）。メールの場合には、送信時間が記録されるので特定の時間に相手に送信した事実はそれで証明が可能ですが、記録の残し方としてはそれだけでは不十分です。さらに一歩進めて、プリントアウトして紙ベースで保管したり、データのバックアップを残してください。万が一のデータ消去に備えるためです。

また、特にやっかいな相手に対しては、特定記録郵便や内容証明郵便を使って、配達日時や送付した文章の内容を記録化・証拠化するところまで徹底しておくことも必要です。特定記録郵便は日本郵便が郵便物を引き受けたことを記録してくれるので、特定記録郵便を使うことで、後日「アポイントの書面なん

て送ってないでしょ！」といった反論を防ぐことができます。さらに、内容証明郵便は、いつ誰から誰あてにどのような内容の書面を送付したか、そしてそれが相手に送達されたかまで日本郵便が証明してくれます。内容証明郵便を使うことで、後日「アポイントの書面なんて受け取ってない！」といった反論を防ぐことができます。

相手に FAX や郵便物が届かなかったら？

相手に FAX や郵便物が届かなかった場合にはアポイント自体がとれないので、調停手続や訴訟手続といった裁判上の手続を活用することを考えなければなりません。そのような場合には、アポイントをとろうとしていた事実自体が重要になる場合があります。

調停の場合は、調停委員が当事者の間に入って話し合いを進めていきます。訴訟手続の場合には、裁判官が当事者の主張を聞いて、どちらの主張が正しいのかを判断していきます。調停委員も裁判官も人間ですから、事件の内容によっては、「こちら側は何とか相手と話し合いを行おうと努力したのに、相手が応じてくれなかったんです」と主張することで、調停委員や裁判官がこちら側に有利に手続を進めてくれたり、あるいは裁判官がこちら側に有利な判断をしてくれる場面もあります。最初からそのような効果を期待してということではありませんが、大切なのは、万が一、交渉がまとまらずに訴訟手続に移行した場合に少しでも有利になるように予測しながら、アポイントの段階から相手と接触していくという姿勢なのです。

まずは、交渉はアポイントをとる段階から始まっていることを意識してください。そして、紛争が進行した場合を予測しつつ、アポイントをとる段階から書面を活用して記録化と証拠化に努めていくことが大切です。

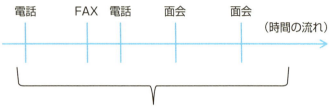

[郵便制度]
① 特定記録郵便
　日本郵便が引受けを記録してくれるので、郵便物等を差し出した記録を残したいときにおすすめです。インターネット上で配達状況を確認することもできます。
② 書留
　引受けから配達までの郵便物等の送達過程を記録してくれます。万が一、郵便物等が壊れたり、届かなかったりした場合に、原則として差出しの際に申出のあった損害要償額の範囲内で、実損額を日本郵便が賠償してくれます。日曜祝日も配達してくれます。書留の受領証に記載されている引受番号から、郵便追跡システムのオンラインネットワークで、配達状況を確認できます。
③ 内容証明郵便

いつ誰から誰あてにどのような内容の文書が送付されたかを、日本郵便が証明してくれるものです。内容文書1通に謄本2通を添えて郵便窓口に提出します。内容文書・謄本とも、用紙の大きさ、記載用具は問いませんし、通常は原本を1通つくり2通のコピーを用意します。字数・行数は1行20字以内、1枚26行以内で作成する必要があります（横書きの場合は、1行13字以内、1枚40行以内、または1行26字以内、1枚20行以内で作成することができます）。

2. 交渉場所は自分のテリトリーで

場所

次に大切なのはどこで交渉を行うか？ です。

交渉の内容にもかかわってきますが、相手の指定する場所での交渉は可能な限り避けてください。かりに相手に場所を指定された場合には、それだけで相手に心理的なアドバンテージを与えることになります。人の脳は、自分の家だとか自分の職場だとかの慣れ親しんだ場所ではリラックスすることができますが、自分が不慣れな場所では、緊張感をもつようにできています。この緊張感が心理的なストレスにつながります。

交渉は心理戦です。心理戦を有利に進めるためには、心の余裕が必要です。ですから無駄な心理的なストレスは、可能な限り排除して交渉にのぞむべきです。具体的には、相手から指定された場所だと、それだけ直前の準備時間が削られることになります。「遅刻したらどうしよう」といった無駄な心配を抱えたりもしますし、ましてや実際に遅刻してしまったら、こちらは心理的な引け目を追うことになり、相手には与えなくてもよいアドバンテージを与えることになります。

相手のテリトリーで交渉を行う場合には、事前準備の段階で考えなくてもよいことまで思いをめぐらせなければなりません。

たとえば、出された水やお茶はどうしたらよいか？ 水やお茶をこぼしたら不利にならないか？ 靴を脱がなければならない場所だったら靴下に孔が空いていないか？ 空調がききすぎていた場合に備えて暖かくしていったほうがよいか？ など想像力を膨らませていろいろな準備をしなければなりません。

　自分のテリトリーで交渉を行う場合には、そのようなことを考える必要がなくなるので、心理的な負担が多少なりとも少なくなり、事前の準備の段階からより重要な部分に意識を集中することができます。

自分のテリトリーとは？

　自分のテリトリーというのは必ずしも自分の職場である必要はありません。自分が何度も行ったことがある慣れ親しんだ場所であれば、ファミレスだったり、喫茶店だったりでもかまいません。お店への行き方や所要時間もよく知っていて、お店の雰囲気にも慣れ親しんでいて、メニューもよくわかっているような場所であればかまわないのです。人間の脳は初めて見る環境や物ごとに対しては、自然と観察を始めてしまうようです。

　このような経験はありませんか？ 同じ場所に行ったのに、最初に行ったときと2回目に行ったときでは、時間的な感覚が全く違うといった経験です。最初に行くときにはどうしても脳が自然に働いて、あるいは注意深くいろいろな物を観察してしまいます。でも2回目に行ったときには、最初に行ったときのイメージがあるので、いろいろな物への観察の度合いが減りま

す。3回目、4回目となるとなおさらです。最初に行くときには脳が緊張感をもっているのです。この緊張感が知らず知らずのうちに心理的なストレスに変わっていってしまいます。

　自分が実際に行ったことがあるお店でなくても、この方法を使うことができます。最近は、ドトールコーヒーやスターバックスなど、チェーン展開されている喫茶店がありますし、ファミレスにしても同じお店であればメニューやお店の雰囲気はほとんど同じですから、だいたいの予測ができます。ですから、実際に行ったことがなくても、なじみのある喫茶店やファミレスを指定すれば、そこはほぼ自分のテリトリーといえます。相手から先に場所を指定された場合に、その場所が聞き慣れない場所であれば、「ドトールやスターバックスはありませんか？ 迷わずに行けると思うので……」と切り返して、自然な形で自分のテリトリーに相手を導くことができます。それでリラックスして交渉にのぞめると思います。

　なお、交渉の内容にもよりますが、暴力団のような反社会的勢力との交渉など、特にやっかいな相手の場合には、監禁される可能性だってあります。このような相手の場合には、ファミレスやホテルの喫茶店など、必ず中立の第三者がいる場所を選んでください。まわりに人がいる場所では、相手も大きな声を出したり威圧的な態度をとったりしづらいですし、粗暴な言動があった場合には、警察に通報して対応を要請することも考えなければなりません。まわりに人がいれば、後々、まわりの人が証人になってくれることも期待できます。

大切なのは予測できないような事態が生じるリスクを可能な限り排除して、心に少しでも余裕をもてるようにしておくことです。

3. 場所 相手のテリトリーに行かなければならない場合には？

第1章
交渉前

相手に指定された場所に行かなければならない場合は？

　明らかにこちら側に非がある場合や、トラブルの現場が相手のテリトリー内にあって現場でいっしょに立ち会って確認作業をしなければならない場合など、どうしても相手に指定された場所にこちらから出向かなければならない場合があります。

　そのような場合には必ず下見をするようにしてください。事前の下見の時間が確保できない場合でも、交渉の当日にとにかく少しでも早く出発して時間的なゆとりをもって交渉場所に到着するようにしてください。

　私の場合は、約束の時間の30分くらい前には到着するようにしています。それだけで心にゆとりが生まれますし、心理的なプレッシャーは全く変わってくるものです。

当日も早く到着することができない場合には？

　相手のテリトリーで行う交渉で、交渉当日に交渉場所に到着するのがぎりぎりになりそうな場合には、交渉の日程の仕切り直しを検討してください。そのような慌ただしい状態では脳をフル回転させて交渉を行うことは難しいと思いますし、無理に交渉を進めても良い結果は望めません。それくらい交渉場所の設定は重要です。

　繰り返しになりますが、人間の脳が一度に考えられることには限界があります。交渉の本丸で頭をフル回転して受け答えを行うためには、脳のスペックの余計な無駄づかいは避けるというのが基本姿勢です。慣れない場所での交渉にもかかわらず、時間に遅れたらまずいという心理的プレッシャーを感じながら交渉の場所に向かうという状態では、能力をすべて発揮するのは困難です。

　場所を観察してしまったり、雰囲気に飲まれてしまったり、空間に慣れるまでに時間がかかったりといった心理的な負担に加えて、早く到着することもできず焦りながら交渉にのぞんだ場合には、脳のスペックのかなりの部分が交渉の周辺部分の雑事に占拠されることになります。

　本来であれば交渉に直接かかわるところに注力すべき脳のスペックが他の部分に使用されることになるので、100％の能力を発揮することができないのは明らかです。そのような場合には、いっそのこと仕切り直しをしたほうが望ましいと考えてください。

15

[脳のスペック]

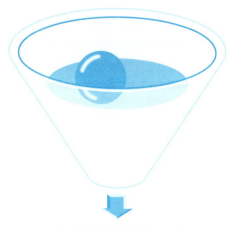

ホーム(空き容量が大きい)

アウェー(空き容量が少ない)

4.

時　間

有利な時間帯を設定しよう！

交渉の時間帯をどう設定するかも重要な要素です。

　交渉の開始時間を朝にするか、午前にするか、午後にするか、夜にするか、交渉時間を30分にするか、１時間にするか、２時間にするか、それ以上にするか、そのような交渉の時間帯の設定も慎重に検討すべき重要な要素です。

　午前中は理性の時間で、午後は感情の時間といわれます。衝動買いは夕方に多いといわれています。夕方に開催されるスーパーのタイムセールは、食品の鮮度の問題もありますが、そういった心理的要素を加味しているともいわれています。夕方は、早く家に帰りたいという意識がありますし、晩御飯に備えて空腹感も募っていきます。そこでテンポのよい曲をかけながら、「安いよ！　安いよ！」という威勢のよい掛け声を出したり、大規模店であれば館内放送で、「ただ今より食品売り場におきましてタイムセールを開催させていただきます」といったアナウンスを流したりすることで、客の購買意欲を高めて衝動買いを促していくわけです。

交渉の時間帯を設定する際には、このような人間の心理的要素も考慮しながら設定します。それによって、より充実した結果を得られる可能性を高めていきます。

　たとえば、事件や事故が発生した事実経緯や契約書や権利証に基づいて権利関係の確認を行うような交渉の場合には、午前中に設定します。午前中は理性の時間なので、理詰めの交渉や理論的な話し合いに向いているのです。他方で、交渉の最終段階の詰めを行う場合には、時間帯は夕方近く、曜日についても金曜日や月末近くに設定します。これはスーパーのタイムセールの衝動買いと同じような効果を狙ってのことです。

　また、時間でいえば、特にその場で結論を出さなくてもよい場合だったり、むしろ話だけを聞いて結論は先延ばしにしたかったりする場合には、午前中や次の予定までの時間が明確に決まっている時間帯を設定する工夫も必要です。その日に結論の出ない話し合いに延々と時間を費やすのは意味がないからです。後ろが詰まっていたほうが、「いやあ、すみません。この後どうしても別の会議がありまして、この続きはまた次回にさせてください」と言いやすいですし、相手も「しょうがないなあ……」と考えてくれやすいのです。

　さらに、時期でいえば、ビジネスの世界での交渉の場合には、相手の決算期を考慮しながら交渉を進めていくことも検討の意味があります。たとえば、相手から1000万円の請求を受けていて、こちらは1000万円をすぐに支払うことができないような場合で、相手の決算期が近づいてきているとき、最終的には相手

も不良債権を抱えているよりは……ということで、ある程度の金額の一括払いで納得してくれることがあります。その場合に相手は債権放棄をしてくれることになります。相手にとっては不良債権が資産に計上されて税金が増えるよりは、早く償却してしまいたいと考えることもあるのです。そのため、相手の決算期を事前に確認しておいて、それに合わせてノラリクラリと交渉を続けながら結論を先延ばしにして、決算期の近くで一気に交渉を煮詰めて勝負をかけるということをやったりもします。

　逆に、相手が激昂していて、とにかく相手に言わせるだけ言わせて、ガス抜きをしなければその先の話が進まないような場合には、十分に時間を確保できる時間帯で設定します。相手が感情的になっているにもかかわらず、一方的に打合せを打ち切ってしまうのでは、まとまる交渉もまとまらなくなってしまいます。ずっと怒りの感情をもち続けることはできません。ですから、このような相手には、サンドバックにでもなったつもりで、十分な時間をとってひとしきり言いたいことを言わせてしまいましょう。相手が満足したり疲れたりするまで、ひととおりの話をさせ、相手のもやもやを吐き出させてください。人間はずっと話し続けることもできませんので、どこかで必ずひと段落つきます。そうした状況が整って初めてあなたの出番になります。「いやあ、お話はとてもよくわかりました。おっしゃるとおりだと思います。本当にご迷惑をおかけしました……。それでは、これからは……」といった展開で進めていきます。

さらに忘れてはならない最も重要な検討要素があります。

　それは、自分の頭がフル回転する時間帯はいつか？ ということです。人間は四六時中頭をフル回転させているわけではありません。起きた直後は頭がまわらなかったり、空腹時は頭の回転が落ちたりといったことが一般論としていわれています。でもこれには個人差があります。「朝起きた瞬間から頭はフル回転だ！」という人もいれば、「朝は苦手だから夕方のほうが調子がいいんだよね」という人もいると思います。ですので、大切なのは、自分の頭がフル回転する時間帯はいつか？ ということです。

　まずは自分のバイオリズムを確認してください。そして、場合によってはそれ以外の要素よりも優先して、自分が一番調子の良い時期や時間帯で交渉を設定するようにすることも必要です。ほかにどんなに有利な時間帯や時期で交渉を設定したとしても、頭がフル回転していなければ、交渉で良い成果を獲得することは難しいと思います。ですので、自分の頭がフル回転する時間帯も日ごろからきちんと把握しておいて、理詰めの交渉を行わなければならない場合には、そういった時間帯に設定します。

　交渉の状況や内容、その日の交渉の目的に応じて最適の時間帯を設定することが重要です。

[時間設定]

	月	火	水	木	金	土	日
午前 ⇒理性の時間	午前中が理詰めの交渉には適している						
午後 ⇒感情の時間	業務終了間際に迎える相手方の解放感なども利用できる				交渉最終段階の詰め		

5.

時　間
交渉には遅刻
しない？

約束の時間に遅刻したら？

第1章

交渉前

　まずは、それだけで不利な立場におかれます。交渉は相手の真意を探るプロセスです。言い換えると、心理的な駆け引きにより、相手の真意を探る心理戦です。そして、心理戦の中では決して相手に借りをつくってはいけません。遅刻したらそれだけで「すみません」という謝罪の言葉から入らなければならなくなります。そのひとことで立場の均衡が崩れてしまいます。少しでも相手に対して「申しわけなかった……」という気持ちがあると、知らず知らずのうちに話の流れが変わっていきます。迷惑をかけてしまった相手には謝りたいものです。逆に謝らないと居心地が悪くて仕方なくなります。何とか我慢して謝罪の言葉を飲み込んだとしても、自分の内心に一度巣食ってしまった相手に対する謝罪の念を完全に払しょくすることはできないでしょう。これが自分の判断や思考を狂わせる要因になっていきます。

　ですから、10分以上遅刻するくらいなら、その日の交渉はキャンセルしたほうがよいと思います。思い切って仕切り直しをしましょう。

立場の均衡が崩れたまま無理に交渉を進めていくと、こちら側は心理的な引け目を感じていますので、知らず知らずのうちに追い込まれていってしまいます。「知らず知らずのうちに」というのが交渉の中では極めて望ましくない状態です。同じ追い込まれる状況であっても、自分が追い込まれているのを知っているのと、知らず知らずのうちに追い込まれているのでは雲泥の差があります。自分が追い込まれているのを知っている場合には、交渉の状況を客観的に把握できていますし、自分の精神状態もしっかりと認識できています。他方で、知らず知らずのうちに追い込まれている場合には、交渉の状況を正確に把握できていませんし、自分の精神状態も地に足がついていない浮ついた状態のままなのです。そのような状況では心理戦である交渉の場面で100%のパフォーマンスを発揮することは期待できません。ですから、10分以上遅刻するくらいなら、いっそのことその日の交渉はキャンセルして仕切り直したほうが良い結果に到達できると思います。

　それでも、どうしてもその日に交渉しなければならないような場合には、結論を先送りにして、絶対にクローズまではもっていかないようにすることが大切です。心理的に追い込まれている状況で話し合いを進めても良い結果を期待することはできません。それでも、どうしても交渉自体はしなければならないような場合には、少なくともその場で最終的な回答は出さないようにしてください。「私自身は良いと思うのですが、一度社内にもち帰って検討させてください」とか、「社内の内規で○○円以上の支払いの場合には一度社内にもち帰って上司の決裁を受けなければならないんです」といった類いのもっともらし

時間

5　交渉には遅刻しない？

23

い内容を伝えれば、たいていの相手は結論を先延ばしにすることに納得してくれると思います。大切なのは、心理的な引け目を感じた状態のままで話し合いを進めて、そのまま意に沿わない内容で合意しないことです。冷静な判断をするためには、相手に引け目のない冷静な頭でじっくりと検討する必要があります。

あとは、開き直るという方法も一考です。

　自分の中で「待たせて申しわけなかった……」という気持ちを排除できる方法があれば、それを実際に試してみるのです。たとえば、電車が混んでいて交渉相手との約束の時間に15分程度遅刻してしまったとします。そのまま交渉の席について何食わぬ顔で交渉を進められる神経の太い人もいるかもしれません。あるいは相手の理解を得られないような言い訳をして、かえってドツボにはまってしまうような人もいるかもしれません。ただ、黙って何ごともなかったかのようにふるまい続けるのは限界があります。少なくとも、相手は、「遅刻したくせに謝罪のひとつもないのか」とか、「ずいぶん失礼な奴だな。俺を馬鹿にしているんじゃないのか」とか、「ずいぶん軽く考えられたものだな」などと、どんどんこちらに対する悪感情が増幅していくと思います。ですので、まずは率直に、「申しわけありません」と謝罪するのが鉄則です。最初にはっきりと「申しわけありません」と口に出せば意外にすっきりするものです。言われた側は、「すいませんじゃないだろ！」と内心憤るかもしれませんが、言った側は少しでもモヤモヤが晴れるので、あとは開き直って話し合いを進めていけばよいのです。

また、これまで述べてきたことと矛盾するように感じるかもしれませんが、「わざと遅刻する」という戦術が効果的な場合もあります。

わざと遅刻することによって相手をイライラさせたり、逆に期待値をあげさせてソワソワさせたりすることによる効果が期待できるような場合です。交渉は心理戦です。話し合いの積み重ねの中から相手の本音と妥協点を探るプロセスです。相手も、「この程度であれば話をまとめてもよいかな」と考えていても、なかなか簡単には手の内を見せてはくれないものです。でも、相手が感情的になれば、ポロっと本音を出してしまうことがあります。ですので、あえてそういった効果を狙うことも作戦のひとつです。そのための方法が、わざと遅刻をして相手を怒らせたりイラつかせたりして感情的にしていくことです。

それでは、その場合は、どの程度遅刻するか？

30分も40分も遅刻したのでは逆効果になってしまいます。人はそこまで辛抱強くありませんし、相手を本気で怒らせてしまうとその場で交渉が決裂してしまうこともあり得ます。一般的に人が辛抱強く遅刻を我慢できる限界は15分といわれていますので、15分程度を目安にするとよいのではないでしょうか。

6.

時　間

時間を確保しよう！時間あり気にふるまおう！

交渉で一番重要な要素は何か？

　交渉で一番重要な要素は何か？　と聞かれたら、私は迷うことなく「時間」と答えます。デッドラインが決まっている交渉ほど厳しいものはありません。逆にデッドラインがなければ、相手が根負けするまでずっと譲歩せずに引き延ばせばそれだけで相手が100％の歩み寄りを示してくれることもあります。交渉の場面において、相手がデッドラインを抱えている場合には、こちらは確答せずに黙ったり、のらりくらりと対応を引き延ばしたり、結論を先延ばしにするだけで相手から大幅な譲歩を引き出すことが可能になります。私はこれまでに何百件もの交渉を行ってきましたが、期限のある交渉とない交渉では圧倒的に期限のない交渉のほうが大きな利益を得ることができました。

それでは、もしこちら側にデッドラインがあったとしたらどうすればよいのでしょうか？

デッドラインがある場合には、そのことを相手に悟られないようにする必要があります。交渉はトランプのポーカーゲームのようなものです。ポーカーゲームはお互いの手の内を相手に悟られないようにすることでゲームが成り立ちます。ポーカーゲームも交渉も心理戦です。そこでは駆け引きが重要になります。

　ポーカーの勝ち負けは必ずしも手札の強さとは関係ありません。こちらが持っているのが実際には弱い手札であっても、あたかも強い手札を持っているかのようにふるまうことで、相手が勝負から降りて、こちらは相手のチップを獲得することができる場合があります。その際に、こちらの手札を相手に悟られないようにするために無表情を装ったりします。これがポーカーフェイスです。交渉の場でもこちら側の期限の存在についてはあくまでポーカーフェイスを装い続けて、決して相手に悟られないようにする必要があります。

　また、表現力や演技力に自信がある場合には、無表情ではなく、むしろ表情豊かにふるまうことで、相手にこちら側のデッドラインの存在を知られないようにすることもできると思います。交渉の場面で期限にかかわる部分についてだけ無表情というわけにもいかないと思いますし、むしろ期限にかかわる部分については自信あり気にふるまっていたほうが自然かもしれません。たとえば、交渉の話し合いの中で、「ところで、○○さんは、いつまでにこの商品が必要なのですか？」と直接的に尋ねられた場合、「いえ、特にいつまでということではないのです」とか、「いつまでということではなく、商品の内容と価格

次第では購入を検討したいと思っています」と回答することで、相手はこちらの期限をうかがい知ることはできないと思います。大切なのは、時間がなくても時間があるようにふるまうこと、そしてデッドラインが決まっていてもそれを絶対に相手に知られないようにすることです。

さらに一歩進んで、実際の期限とは違う期限を相手に伝えることで、相手の真意を引き出すことができます。たとえば、実際の最終的なデッドラインは7月末にもかかわらず、交渉の途中の段階で、「いやあ、6月末までには結論を出さないといけないんです……」などと布石を打つことで、先に相手の手の内をさらけ出させるのです。交渉における譲歩は徐々に行われていきます。時間の経過に伴ってお互いの歩み寄りが大きくなり、最終的な妥協点に近づいていきます。6月中旬くらいの段階で、こちらが、「どんなに頑張ってもうちは120万円までしか出せませんよ……これが限界です」と言えば、相手は、「なるほど、あとちょっとだな。6月末が期限と言っていたから、もう少し歩み寄りも引き出せそうだけど、いずれにしてもあと少しだな」と考えます。でも、実際にはこちらは7月末までに解決できればよいので、歩み寄りの幅もまだまだあったりするわけです。

相手に期限があることを利用する？

相手に期限があることがわかった場合にも、相手の期限を利用することができます。相手がデッドラインを抱えている場合には、こちらは確答せずに黙ったり、のらりくらりと対応を引

き延ばしたり、結論を先延ばしにするだけで相手から大幅な譲歩を引き出すことが可能になります。じらし続けて相手が焦るのを待つのです。相手は焦れば焦るほど本音を出してきます。相手が本音を出してくれば、あとの交渉はこちらが主導権をとりながら進めていくことができます。期限を焦っている相手との交渉はとても容易です。

相手の期限をどうやって知るのか？

　交渉慣れしている相手の場合には、直接、期限の存否を聞いても教えてくれないと思います。相手も期限の重要性を知っているからです。ですので、この場合には交渉過程から探っていくしかありません。最終的にはどちらが根負けするかの探り合いの勝負になります。客観的に時間的な余裕があるほうが、期限があることのメリットを享受することができます。

　逆に交渉に不慣れで期限の重要性を知らない人も多いのです。そのような場合には、単刀直入に、「この商品はいつまでに必要なのですか？」とか、「いつ使うのですか？」といった聞き方でも簡単に答えてくれる場合もあると思います。そして期限を聞くタイミングは、できるだけ交渉の初期の段階が望ましいと思います。交渉が煮詰まってきた段階だと、相手も期限の大切さに気づいてしまったり、それ以外の対立点が生じて警戒心をもたれてしまったりしている場合もあるからです。

[時間や期限の示し方]

余裕がなさそうにふるまう　　　しかし実際には余裕がある
　　　　　　　　　　　　　　　　　　　（時間の流れ）

相手に示すデッドライン　　　　本当のデッドライン

（形式的）譲歩の限界
＝これに釣られて
相手が真意を示す

（実質的）譲歩の限界

時間

6　時間を確保しよう！　時間あり気にふるまおう！

7.

準 備
獲得目標を明確に
しよう！

交渉に先立って決めるべきものは何か？

　交渉に先立ち「何を獲得するのか？」、「何を獲得したいのか？」、「何を獲得すべきなのか？」を明確に決めておかなければなりません。たいていの人はある程度の獲得目標をもって交渉にのぞみます。でも大切なことはその獲得目標が「明確」になっているかどうかです。

まずは獲得目標を「明確」にすることが必要です。

　獲得目標はこれから交渉でめざすべきゴールです。ゴールは明確な一定の場所でなければなりません。ゴールが明確に定まっていなければ、どこをめざして、何をめざして、どのように、いつまでに、どこで、どのように話し合いを進めればよいのかわからなくなります。

　たとえば、最終的に相手から謝罪の言葉がもらえればよいと考えている場合と、最終的に相手から謝罪と慰謝料100万円の支払いをもらわなければ納得できないと考えている場合では、交渉のやり方が全く変わってきます。最終的に謝罪の言葉がもらえればよいと考えている交渉の場合には、最初の段階で謝罪

32

と100万円の請求をあわせて行います。そして、交渉過程で、100万円の請求はこちらが譲歩して、謝罪だけを獲得するという流れで交渉を進めていくことになります。他方で、最終的に相手から謝罪と慰謝料100万円の支払いをもらわなければ納得できないと考えている交渉の場合には、最初の段階で相手には謝罪と200万円（金額はもっと多い場合ももっと少ない場合もあり得ます）の請求を行います。そして、交渉過程で、200万円の請求のうち100万円についてはこちらが譲歩して、謝罪と100万円の支払いを獲得するという流れで交渉を進めていくことになります。

　獲得目標が違うと、最初の段階で相手に請求する内容も変わりますし、その後の交渉過程で譲歩する内容も変わってくるのです。交渉の獲得目標を「明確」に定めなければ、どのような順序で、どのように交渉を進めていくべきか、戦略も立たなければ、戦術も立たないのです。ですから、まずは交渉の獲得目標を「明確」にしてください。

次に一度定めた獲得目標は安易に変えないことが重要です。

　たいていの交渉はある程度の時間的連続性をもって行われます。そのため、交渉過程における相手とのやりとりの中で、めざすべきゴールである獲得目標がみえづらくなったり、違ってみえたりといったことが往々にして起こります。相手との会話のキャッチボールの中で、相手は自らの言い分を全力でぶつけてきますので、気迫に押されたり、論理的に説得されたりして、

往々にしてこちらの立ち位置やめざすものが変わってきてしまうことが起こるのです。でも、一度定めた獲得目標はずらさないように心がける必要があります。

　先ほどの例で説明します。最終的に相手から謝罪の言葉がもらえればよいと考えて、最初の段階で謝罪と100万円の要求からスタートした場合です。こちらが求めているのは、形式的には謝罪と100万円となっていますが、本音は謝罪の言葉をもらいたいし、謝罪の言葉がもらえれば満足できるという場合です。相手は名誉感情からなのか、体面を維持したいからなのか、とにかく謝罪には応じたくないと考えています。そうすると、相手はあの手この手を使って、こちらからの謝罪要求には応じないように工夫してきます。金銭的な請求も受けているから、お金で解決しようと、躍起になってこちらを説得にかかります。あまりに執拗に説得されるので、こちらもお金で解決してもいいかなと考え始めます。金額は100万円からの下げ交渉になります。金額的な妥協点を探して話し合いを続けますが、なかなか相手も応じません。こちらは、相手の態度にも腹が立ったからか、または長期に及ぶ交渉に疲れたのか、ふとわれに返って、もともと求めたかったのは謝罪だったことを思い出します。そこで、また相手に謝罪を求め始めます。相手はこれに応じないので、また躍起になってお金で解決しようと話し合いを始めます。……その後同じようなことが延々と繰り返され、一向に解決できる気配もみえてきません。

　これは、金額は実際のケースとは違いますが、私が担当した交渉の例です。その交渉は、膨大な時間を費やしたにもかかわ

らず、結局、話し合いがまとまらず、裁判になってしまいました。裁判になってもこちらの言い分に一貫性がないため、裁判所でも主張を一貫させていくのに苦労しました。獲得目標がぶれてしまうと、それに踊らされて、話があっちに行ったりこっちに行ったりして、無駄な労力や費用や時間を食いつぶすだけで、どんどん解決も遠のいていきます。獲得目標を変更するくらいなら、交渉を一から立て直すか、一度は交渉を決裂させて、裁判等の次のステージに進んだほうが、解決までの時間も労力も少なくてすむのです。

獲得目標を「明確」にして「ぶれないように」交渉を進めていくことが重要です。

　交渉は生き物なので、話し合いの過程で多少の「ぶれ」が生じ始めます。生じ始めた最初の「ぶれ」はわずかかもしれません。でも「ぶれ」の積み重ねや、「ぶれ」の連続が怖いのです。時間が経つにつれて、「ぶれ」の幅は知らず知らずに広がっていきます。そういう自分自身も、苦労して話し合いを行って、ようやく交渉が成立したのでひと息ついて振り返ってみると、全く違うところにたどりついていた……なんてことも多々経験してきました。

　だから最初に獲得目標を明確に設定するようにしています。そしていったん設定した獲得目標は、「ぶれ」ないように意識し続けるという姿勢が重要です。

　具体的には、交渉に先立ち、ポジションペーパーを作成し、

交渉の場面でもそれを何度も確認しながら、交渉を進めていくことをおすすめします。人は地図があれば迷わずに目的地にたどり着けます。だから、交渉の地図ともいうべきポジションペーパーをしっかりと作成して、「ぶれ」が生じないようにしていきましょう。

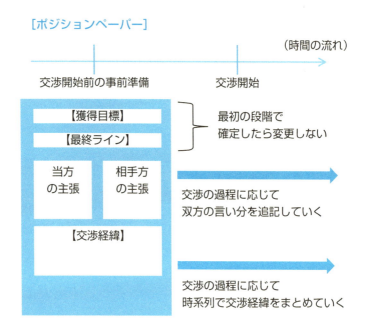

8.

準 備

最終ラインを決定
しよう！

**獲得目標を明確に設定したら、次に最終ラインを明確
に決定しておくことが必要です。**

　獲得目標は「理想」ですが、最終ラインは「現実」です。交
渉の過程では、一歩でも理想に近づくためにコツコツと努力を
重ねていきます。理想に到達できれば素晴らしいのですが、相
手のあることですから、毎回、理想に到達できるとは限りませ
ん。むしろ、理想に到達できない場合のほうが多いのです。だ
から、現実的な妥協点を探っていきます。

　慰謝料として100万円を請求している交渉を例に説明します。
この場合の獲得目標は100万円です。相手にぶつける最初の請
求額も100万円からスタートします。最初の請求で相手が100万
円の支払いに応じてくれれば交渉はそれで終わりになりますの
で、その後の交渉は必要ありません。しかし、たいていの交渉
はそう簡単には終わりません。相手は何とか100万円から金額
を減らすために躍起になって話をしてくるでしょう。その場合、
こちらは最終的にいくらの金額であれば、相手と合意して紛争
やトラブルを解決することができるのか、あらかじめその妥協
点を定めておくのです。交渉がまとまらなければ、裁判で白黒
をつけなければならなくなることが予想されます。ですが、日

本の裁判は争いのある事件だと、第1審だけでも1年とか1年半の時間がかかります。当然それにあわせて費用もかかります。裁判の準備のために時間も割かなければなりません。ですので、裁判に進む場合には、「これ以下の金額だったら、時間や費用や労力を費やしても裁判でやりたい」とか、「これ以下の金額で解決するのは納得できない。もしこれ以下の金額であれば、徹底的に戦う」という覚悟が必要になります。

この「これ以下の金額だったら、時間や費用や労力を費やしても裁判でやりたい」や、「これ以下の金額で解決するのは納得できない。もしこれ以下の金額であれば、徹底的に戦う」という文の中の、「これ以下の金額」が「最終ライン」です。先ほどの例では、最終ラインは50万円かもしれませんし、70万円かもしれませんし、あるいは90万円かもしれません。最終ラインは、請求する当事者または請求を受ける当事者の獲得目標との関係で設定します。請求をする立場でも、請求を受ける立場でも、必ずどこかに一線を引いて設定しておく必要があります。そうしないと交渉決裂すらできず混沌とした状態に陥りますし、紛争やトラブルの解決もできないからです。

最終ラインにたどりつかなければ？

交渉の結果、最終ラインに達することができない場合もあります。その場合はどうするか？ その場合は交渉決裂です。この交渉決裂の判断ができない人が多いのです。そして、あとになってから「こんな約束はしなければよかった……」と後悔するケースも多いのです。最終ラインでの合意ができなければ、

交渉を決裂させる。その覚悟をしておく。そして一度決めた最終ラインを「ブレ」させない。それが重要です。

[獲得目標と最終ライン]

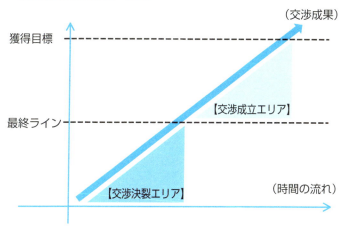

9.

役　割

効果的なプレイヤー
でのぞもう！

　交渉のプレイヤーを誰にするのか？ を交渉に入る前に明確に決めておく必要があります。1人で交渉を行うのか？ 複数で交渉を行うのか？ 複数で行うとして何名が妥当か？ 複数で行うとして外部の協力者は必要か？ など交渉内容に応じて検討していきます。いちがいに交渉といっても交渉内容や相手の素性や相手の感情によって状況はさまざまです。ですので「これが絶対」という明確な答えはありませんが、いくつか注意すべきポイントがあるので、以下、説明します。

①　複数で対応すること

　まず、交渉に1人でのぞむのは避けるべきです。必ず誰かに同席してもらうようにしたほうがよいでしょう。

複数でのぞめば1人が話をして残りの1人がメモをとることができます。

　人間の能力には限界があります。1人で話に夢中になっていると、それ以外のことができなくなったり、不十分になったりします。交渉においては、交渉経過や相手の発言内容をしっかりとメモして、記録に残していく必要があります。このメモは、

その日の交渉終了後に、決定権者に交渉状況や交渉内容を報告する際に使えますし、次の交渉前に、前回の交渉内容を確認するためにも使えますし、あるいは万が一交渉が決裂して裁判などになった場合の証拠にもなります。そのため、交渉場面でのメモはできるだけ克明に詳細を記録しておく必要があります。

1人で交渉にのぞむとメモをしっかりと残すことが難しくなったり、おろそかになったりしてしまいます。そのため、1人が話に集中し、1人が記録を行うという体制でのぞむのが望ましいのです。

複数でのぞめば1人が話をして残りの1人が相手を観察することができます。

複数でのぞめば1人が話をして、1人が相手の態度や表情を観察して真意を探ることができます。また、その日の交渉後に次回の交渉に向けての戦略を立てる際にも、複数のほうが有益です。1人が、「いやあ、今日の話の内容からすると、次回の交渉では100万円で合意できそうだ」という感想をもったとします。でも残りの1人は、「確かにそのようにもみえましたが、100万円という金額が出た時、相手の表情が一瞬曇りました。相手はもっと違うことを望んでいるのではないでしょうか」という感想をもつかもしれません。交渉の途中の段階で相手の心情を決めつけるのは危険ですし、しっかりと見定めていく必要があります。思い込みや習慣を排除しながら、客観性を維持しつつ交渉を進めていくことが望ましいのです。

どうしても１人で交渉にのぞまなければならない場合は？

この場合には、録音機を使って記録したり、交渉終了後に即座にメモを作成したり、自分が受けた感想をメモに記録したり、早期に、かつ正確に記録化を行うようにしてください。

② 決定権者は同席させないこと

次に、会社や団体の責任者を交渉の席上に同席させないことも重要です。「あれ？ 交渉の席に責任者が同席しないと意味がないんじゃないの？」と違和感をもつ人もいるかもしれません。交渉の現場には決定権者を同席させないのがセオリーです。交渉の現場に決定権者を同席させてしまうと、「もち帰って検討します」ということが言えなくなります。その場で決断を迫られることになってしまいます。決定権者を同席させるのは、最後のクロージングの場面くらいですが、クロージングの場面でも可能な限り決定権者を同席させないほうが望ましいでしょう。最後の最後で条件の変更をさせられるようなこともあり得るからです。

そして、どうしても１人で交渉しなければならない場合でも、可能な限り「自分１人では決めることができない」という状況をつくるべきです。会話の中で、「いやあ、私自身の問題ではあるのですが、私も○○に相談しておりまして、この場で結論を出すことができません。それほど時間はかかりませんので、今日のところは一度もち帰らせてください」などと説明するこ

とで、「自分 1 人では決めることができない」状況をつくり出すことができます。このようにして一度もち帰って再度考えてみることで、「いやあ、早まった！　あの時これを言っておけば、もう少し有利な結果を得られたのではないか？」といった後悔を防止することができますし、押され気味の交渉ムードが漂っていても、一度それをリセットすることも可能になります。

③　弁護士の同席は慎重に

　さらに、弁護士の同席は慎重に判断する必要があります。「先生、今度、重要な契約交渉があるので同席してください！」と依頼されることがありますが、私は安易に同席しないようにしています。当事者間で話し合いを進められれば無理なく解決できる場合でも、弁護士が同席することによって相手をかえってかまえさせてしまったり、相手の態度を硬化させてしまったり、あるいは相手に悪感情を抱かせてしまったりという事態が起こり得ます。私自身、これまでも弁護士が間に入ることで、かえって話がこじれてしまったケースをたくさん経験しています。ですので、安易に弁護士を同席させないというのがルールです。これは、弁護士に限らず司法書士や行政書士あるいは税理士といった他の士業やコンサルタントにも同様にあてはまります。これらの士業やコンサルタントは相手からすると外部者ですので、これらの者を安易に同席させないようにしてください。

　他方で、暴力団などの反社会的勢力やクレーマーなど、弁護士を同席させることによって相手がよけいな主張をする余地を

防ぐことができる場合があります。交渉はあの手この手を使いながら相手の譲歩を求めていくプロセスです。そして相手の譲歩を促すのは感情です。弁護士を同席させることによって相手にどのような効果を与えるのか？ そのあたりを相手の感情を想像しながら慎重に考えていく必要があります。

［交渉のプレイヤー］

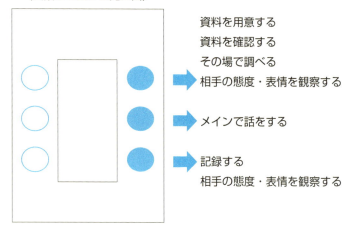

10.

役 割

役割を決めて演じきろう！

　交渉は可能な限り複数でのぞむべきであるという話をしましたが、ただ単に複数でのぞむだけでは不十分です。役割分担を明確にする必要があります。

2人の場合には？

　2人の場合には1人がメインで話をする役です。残る1人はメモをとったり、記録を用意したり、その場でリサーチしたり、メインで話をする役の人に資料を渡したりする役になります。また、メインで話をする役の人が間違った方向に話を進めたり、事前の打合せや事実と違う説明をした場合にはそれを正したり、補足したりする役割になります。私の所属している法律事務所でも大規模な事件やクライアントの意向に応じて、複数で事件対応や訴訟対応を行う場合がありますが、その際には事前に交渉や法廷や弁論準備期日や和解期日でのそれぞれの役割を明確にして、一番効果的に対応できるように取り決めを行って対応しています。そのような役割分担をせずに交渉や法廷や和解期日などで好き勝手に発言をすると話の内容がぐちゃぐちゃになり、時間も無駄にかかりますし、何よりまとまる話もまとまらなくなってしまいます。

また、メインで話をする役以外の人の大切な役割は、相手の表情や態度を十分に観察することです。目の動きや表情、そして、何をメモしたか、机上にある資料やメモには何が書いてあるか、服装や持ち物の特徴は何かなどをつぶさに観察していきます。こうして、相手の考えや感情、相手の思考過程を探る際のヒントにしていくのです。

3人の場合には？

相手も複数で交渉にのぞんでいるような場合で、こちらの体制的にも問題がない場合には、3人で交渉を行うことも検討します。3人目の人はどのような役割を担うのか？ 2人の場合には、メインで話をする役以外の人の負担がかなり大きくなるので、その負担を委譲して軽減していきます。具体的には、Aがメインで話をします。Bが記録をとりながらAの話を補足したりサポートしたりします。そして、Cが資料を用意したり、資料を配布したり、資料を確認したり、その場でパソコンやスマートフォンを使ってリサーチしてAに情報を伝えたりします。発言者はあくまでAとBです。

これらの役割分担に加えて重要なのが、相手の表情や態度を観察することです。これはBとCで行います。相手の表情や態度のほかに観察すべきなのは、相手側のそれぞれのメンバーがどのように役割分担をしているか？ です。相手は決定権者を同席させている場合もありますし、そうでない場合もあると思います。相手から受け取った名刺の肩書きなどからある程度推測もできると思いますが、必ずしも上役が話をせずに部下が話

46

をしてくるような場合には、相手も役割分担をしっかりと考えて交渉にのぞんでいると推測されます。相手の上役がこちらの話のどこでうなずいたか、こちらの話の中の何をメモしたかまで、仔細に観察することが大切です。そのような注意深い観察の中から、交渉を有利に進めるための糸口がみつかるものです。

同席している仲間を恫喝する⁉

さらに一歩進めて、役割分担に演技的な要素を入れることで、交渉を有利に進めていく工夫があります。

これはやくざが交渉で使う手口です。同席している仲間を徹底的に怒るという方法です。「そんなに怒らなくてもいいのに……」と思いますが、今にも殴りそうな勢いで怒ります。机を叩いたり、椅子を蹴ったりすることもあります。直接交渉の相手を脅すと脅迫罪（刑法222条）や恐喝罪（刑法249条）や強要罪（刑法223条）にあたるので、そのようなことはしません。このような話を聞いたことがある方も多いのではないかと思いますが、私もこれまでに、数回、こういった場面の交渉を経験したことがあります。最初の1回目は、弁護士になりたてのころだったので、突然の対応にひどく驚き、恐ろしい気持になったことを覚えています。

これ自体は使い古されたやり方ですが、それでも一定の効果があります。真似るべき部分は、それぞれの役割が相手にどのような心理的な影響を与えるかを十分に考えることです。その場にいない人に役割を演じさせることも可能です。そのあたり

も意識的に検討してみてください。

「北風や太陽」を演じる。

それ以外にも「北風と太陽」を演じるという方法があります。「北風と太陽」はイソップ寓話のひとつです。ある時、北風と太陽が力比べをしようとします。旅人の上着を脱がせたほうが勝ちというルールです。まず、北風が力いっぱい風を吹かせて旅人の上着を飛ばそうとします。しかし、吹きすさぶ風によって、旅人は寒くなってしまい逆に上着をしっかりと押さえてしまいます。北風は旅人の上着を脱がせることはできませんでした。他方で、太陽は燦々と旅人を照らします。穏やかにただ燦々と照らすだけです。しかし、旅人は暑さに耐えきれずに自分から上着を脱いでしまいます。その結果、北風と太陽の勝負は穏やかに照らし続けた太陽が勝ったという話です。てっとり早く物ごとを力ずくで片付けてしまおうとすると、かえって成果が遠のきます。他方で、ゆっくりと着実に穏やかに対応していけば、最終的には確実な成果を得ることができるのです。

この方法を利用して、１人が北風役を、もう１人が太陽役を演じることで、対比を明確にして相手の心のバランスを崩しながら、相手の心を動かしていくといった方法をとることもできます。

[役割分担]

（会議室を上から見た図）

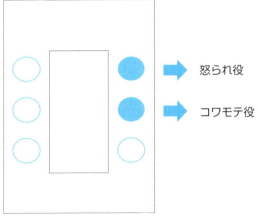

怒られ役

コワモテ役

役割

10 役割を決めて演じきろう！

11.

役割
相手との窓口は一本化しよう！

交渉の窓口の一本化を意識していますか？

第1章 交渉前

　複数で交渉にのぞんだ場合に、相手と連絡する担当者を1人に絞ることが大切です。複数の担当者が窓口となって相手とやりとりをすると、必ず混乱が生じます。

　Aさんが相手と交渉をしているときに、相手から「いやいや、あなたはそう言うけど、Bさんはこの間、全く違う話をしていましたよ」と言われると、AさんはBさんに確認しなければならなくなります。Aさんはいったん話し合いを中断してBさんに確認しなければ、その先の話をできなくなるのです。そして、AさんがBさんに確認したところ、Bさんは、「は？　そんなこと言っていませんよ。Aさんと同じ説明をしています」と言っていました。そうすると、Aさんは相手に、「Bに確認しましたが、私と同じ話をお伝えしたと言っています」と確認をしなければならなくなり、さらに、相手から、「ちゃんと確認したんですか？　私にはメモが残っています。Bさんもメモか何か証拠は持っていますか？」と言われると、Aさんは再びBさんに確認しなければならなくなります。このように無限に続くかもしれない無駄な作業と無駄な時間が発生してしまいます。これが混乱につながります。

このような無駄な作業や無駄なやりとりによる貴重な時間の浪費を防ぐためにも、交渉の過程で相手とやりとりをする担当窓口は１人に絞る必要があります。相手と交渉や事務連絡をする窓口は１人に絞るというのが鉄則です。

相手とやりとりする窓口を選ぶ際の注意点は？

　そして、相手とやりとりする窓口を選ぶ際には、決定権者以外の人を窓口にするようにしてください。決定権者が窓口になってしまうと、窓口としてやりとりする中で決断を求められる場面が多くなります。こちらが今日の話し合いでは決断はしないと心に決めていたとしても、相手から決断を迫られることが多くなってしまい、決定権者も冷静な判断ができなくなる可能性もあります。

相手の窓口を一本化するにはどうしたらよいか？

　逆に、相手も複数で交渉の席に同席していた場合には、相手の交渉窓口も一本化してもらう必要があります。交渉が成熟してきた段階で、「俺は聞いていない」、「俺が窓口だ」、「俺に話をしてもらわなければ困る」などと言われて、交渉が振り出しに戻るケースもあります。これを相手が意図的にやっていることもあれば、そうでない場合もあります。いずれにしても、最初の段階で交渉の窓口を一本化しておくことでこのようなことを防ぐことが可能になります。

　どのようにして相手の窓口を一本化してもらうか？　については、たとえば、打合せの最後に、「それでは、本件の連絡は、

○○課長に連絡させていただけばよろしいでしょうか？ それとも……」とひとこと確認すれば足ります。このようなやりとりを行うことで、あとから相手に、「俺が窓口だ」とか、「私に言ってもらわないと話が進まない」などと無用な反論をされる可能性を摘んでおくのです。

　交渉で一番大切な要素は時間です。時間的な制約がある交渉の中で無駄なやりとりをしている暇はありません。できるだけ無駄なやりとりをはぶいて、効果的な時間の使い方をするように心がけてください。

［窓口を一本化しよう］
（会議室を上から見た図）

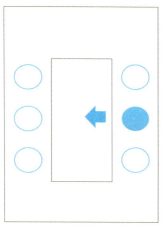

窓口の一本化

12.

資 料

十分な資料を用意しよう！

交渉の場に資料を用意するか？　用意しないか？

　交渉の場に向かう前に、何らかの資料を用意することを心がけてください。資料の作成を通じて、より慎重な検討を行うことができますし、こちらのストーリーもまとまってきますし、交渉の要点も整理されます。そして、この資料は必ずしも相手に提示する必要はありません。こちらの手控えでもかまいません。内容としては、前述したポジションペーパーの内容に沿って資料も揃えていく程度で良いと思います。

相手向けの資料①――資料の用意の仕方は？

　資料を用意する際には、ホッチキスでとじる位置にも気を配ります。私が所属している法律事務所では左上の端から５ミリのところに縦向きでホッチキスをとじることを習慣にしています。資料ごとに違ったとじ方をされると体裁が悪くなり、相手に資料の見た目だけで雑な交渉相手だという不要な先入観を与えてしまうことがあります。

　用意する部数は交渉参加者よりも多めに設定します。事前に相手の人数がわかればそれに２、３部の予備を加えた資料を用

意しておけば足りますが、相手の人数が確定できない場合には、「大は小を兼ねる」といった考えで、多少、多めの部数の資料を用意しておきます。

交渉当日に整然と整理された資料が机上にサッと置かれれば、それだけで、こちらが十二分に検討を行ったうえで交渉にのぞんでいる隙のない交渉相手といった印象を相手に与えることができますし、こちらもいつもと同様の整理された資料を見ることで安心感や安定感を抱いて交渉をスタートすることができます。

相手向けの資料②──十分な資料を用意しよう。

交渉内容にもよりますが、資料を用意する場合には、「十分な」資料を用意することが必要です。資料に不備があれば、それだけ隙をみせることになります。謝罪する側での交渉であればなおさらのことです。相手によけいな隙を与えないというのが交渉の鉄則です。

私も特に刑事事件の被害者や交通事故の被害者と行う交渉の場合には、必要以上に資料の内容と体裁に気を配っています。この種の事件の場合には、条件よりも先に、相手の感情を鎮静化することが最初の難関になります。相手はこちらのすべてが気に食わないと思っています。ケチをつけられるところがあれば、それがきっかけになって相手はより一層感情を硬化させ、交渉も暗礁に向けて一直線に進んで行きます。私も新人弁護士時代ですが、ずさんな資料を出して、被害者の親族から、「何

だ、この資料は！ こっちは大切な娘が亡くなっているんだぞ。そもそも今回のことを軽く考えているんじゃないのか？ 馬鹿にしているのか？」と激昂されたことがあります。もちろん、それだけが問題だったわけではないのですが、結局その後の示談は成功しませんでした。この時のことは今でも覚えています。自分自身にも「資料がずさんだったから……」という言い訳の途を残したくないので、その後は、徹底して相手に提示する資料の内容と体裁には気を配り、少なくとも自分自身で完璧だと思えるものを提示するようにしています。

相手向けの資料③──あえて完璧な資料を用意しない場合もある？

　以上が基本的なルールですが、逆にあえて完璧な資料を用意しないで交渉にのぞむ場合もあります。交渉の初期の段階では、相手向けに提示する資料はあえて隙のあるものを用意しておくようにするのです。

　具体的なやり方を説明します。資料を作成する段階では大切な数字や項目の欄をあえて空欄にしておきます。そしてその数字や項目の欄については、交渉の席上で相手と話し合っていっしょに完成させていくのです。「いっしょに」完成させていくというところがポイントです。

　まずは、相手に「こちらの言い分を聞いてくれているんだな」とか、「こちらの言い分を聞こうという姿勢があるな」と思ってもらうことができます。そのうえで、いっしょに資料を

55

完成させていくことで、相手との心理的な距離を縮めていきます。また、いっしょに資料を完成させていく過程で、暗黙のうちにこちらの考えを相手に刷り込んでいくことも期待できます。

自分たちの手控え

この状況で自分が相手の立場だったらどう考えるか？ 資料を作成する前に、一度、相手の立場になって最初から考えてみます。具体的に相手の思考をなぞるようにしながら紙に１つひとつ書き出していきます。その過程でこちらの気持ちも整理されていきますし、相手の立場や気持ちに対する理解も深まっていきます。

まずは相手の立場に立って考えてみる。相手の立場に立ってお互いの言い分を整理してみる。そうすることで相手の思考や行動を相手の立場に立ってトレースすることができますし、それによって相手の感情の移り変わりを追体験することができるのです。

次に、交渉の初期の段階や、交渉の中盤の段階や、交渉の最後の詰めの段階など、ことあるごとに、自分が相手の立場だったらどう考えて、何を要求するか？ 常に相手の立場に立って考えていきます。やり方は交渉の最初の段階と同様、具体的に相手の思考をなぞるようにしながら紙に１つひとつ相手の言い分や主張を書き出していくのです。このメモの作成を繰り返しながら検討を進めていくことで、相手の立場や相手の思考が理解できるようになっていきますので、こちらと相手との間で生

じている溝を理解することができますし、その溝を埋めるアイデアも出やすくなっていきます。その結果、交渉においても自然と一定の落とし所が浮かび上がってくる場合があります。

　私も訴訟や調停が始まる前に、必ず一度は相手の立場になったつもりで、①自分たちの主張、②自分たちの主張の論拠（裁判例や学説）、③それを補強する資料に対する反論を考えてみることを習慣にしています。そうすることで、こちらの主張の弱さや弱点も見えてきますし、相手からの反論も予想できますし、予想された反論に対する対策も事前に検討できるようになります。

　まずは相手の立場に立ちながら自分たちの手控えを作成する。これはとても重要な準備です。

13.

座席

座席の配置と座り方に気を配ろう！

座席の配置や座り方に気を配っていますか？

　会議室や応接室の座席には上座と下座があります。入口から近い座席が下座、入口から遠い座席が上座になります。また、長ソファと１人掛けソファがあった場合、長ソファのほうが上座になります。見応えのある掛け軸や置物がある場合には、それらがよく見える座席が上座になります。景色の良い窓がある場合も、景色がよく見える座席が上座になります。

上座と下座のどちらに座るのがよいか？

　対等の立場の交渉であれば、下座に座ってください。こちらがへりくだることで、相手の感情も癒され、相手の譲歩の可能性を高めることもあり得るからです。交渉は、言葉や態度で相手との間でできた感情的対立の溝を埋めるプロセスです。ちょっとしたこちらの発言や交渉姿勢で相手の態度が変わることもありますし、ちょっとしたこちらの発言や態度の積み重ねが、「雨だれ石を穿つ」といった感じで相手の感情を徐々に癒していくこともあり得ます。

　謝罪の交渉でも、もちろん下座に座ります。新人弁護士時代

に先輩の弁護士といっしょに謝罪の交渉に行った際に、何ともなしに上座に座ろうとしてひどく叱られた経験があります。また、その時に先輩の弁護士からは、被害者から出されたお茶に手をつけようとして、テーブルの下で足を蹴られました。その時に「ああ、弁護士は法律だけ詳しくても全く役に立たないんだな……」と学びました。話がそれましたが、交渉の場面では基本的には下座を選ぶように心がけるとよいと思います。

相手に上座をすすめられた場合にはどうすればよいのでしょうか？

　マナーや接遇の本をみると、相手にすすめられた場合の原則は相手のすすめに応じるとされていますが、交渉の場で相手にすすめられた場合、一度は下座に座るように試みてください。それでも相手に執拗に上座をすすめられた場合には、それに応じるという姿勢でよいと思います。

　また、被害者や相手側の決定権者の正面には座らないようにしてください。心理学では正面に座った相手には無意識のうちに敵対している感覚をもつといわれていますし、対立関係になりやすいといわれています。私は意識的に交渉相手と正面に座るような形で対峙しないようにしています。たとえば、正面の席に座ったとしても、椅子をずらしたりして、真正面は避けるようにしています。

　さらに、本音を語りやすい座席の位置というものがあります。男性であれば横で、女性であれば正面といわれています。そう

座席

13　座席の配置と座り方に気を配ろう！

59

いった席の配置にも配慮したいものです。

［座席表］
（会議室を上から見た図）

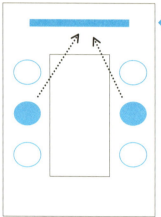

ホワイトボードかプロジェクター
（視点を設定することで横向きの
位置関係をつくることができる）

（お互いに横に座っているのと
同じ位置関係になる）

 決定権者

14.

服 装

服装を意識しよう！

　色彩心理学という学問があります。身にまとう洋服の色によって、相手に与える印象は異なります。交渉にのぞむときの服装にも配慮が必要です。清潔感のある服装を選ぶことは当たり前ですが、色が相手に与える視覚的効果についても考えたいところです。色ごとの具体的な特徴は以下のとおりです。

青や紺
　感情を落ち着かせる効果があります。
　また論理的で知的な印象を与えます。

赤
　積極的な印象を与える効果があります。
　また攻撃性を意味する色といわれます。

黒
　重厚感や高級感を与えます。

灰色
　静かな気持ちにします。
　消極的な印象を与える色といわれます。

黄色
　明るい印象を与える効果があります。
　ユーモアやコミュニケーションを図る色といわれます。

茶色
　堅実な印象を与えます。

堅実な結果を出したいときに効果があります。

交渉の場面に適したスーツの色は何色か？

　交渉の内容によって変わると思いますが、どのような種類の交渉でも通用するスーツの色は、紺か黒です。チャコールグレーもよいと思います。スーツの柄は、大きなストライプや大きな格子が入っていないものがよいと思います。

　ワイシャツの色は白が無難です。柄物は避けたほうがよいでしょう。私は、日々裁判の和解期日や調停期日や事務所での交渉の予定が入るので、スーツは紺か黒、ワイシャツは白、ネクタイも基本的には紺か黒ということで統一しています。本当は少し派手な柄のスーツやシャツを選びたい気分の時もあるのですが、基本的なドレスコードを統一しています。今は倒産事件や交通事故や企業の不祥事など深刻な案件も多いのでそうしていますが、主に取り扱う案件の内容が変わってくれば、その内容に最も適した柄のスーツやシャツを選ぼうと思っています。服装が与える視覚的な効果はそのくらい大切だと認識しています。

　交渉場面での服装に関しては、私が弁護士になりたてのバブルが終わりかけたころに経験した印象的なエピソードがあります。私のクライアントは全国展開している飲食店でした。相手はその飲食店が入っている店舗を買い取ろうと考えている不動産業者です。いわゆる地上げ屋でした。

交渉の対象になった店舗は銀座の一等地にありました。相手は何とか低廉な価格でクライアントを立ち退かせたいという一心でいろいろと要求してきます。ある程度の条件が詰まってきましたが、クライアントが事前に行った調査では、どうも不動産屋の素性が怪しいということで、交渉の場には弁護士も同席することになりました。

クライアントから不動産屋の素性の調査結果を聞かされていたので、私たちも身がまえて交渉にのぞみましたが、打合せ場所にきたのはとても穏やかな感じの七三分けの紳士が2人でした。話し合いも穏やかに進んでいきました。こちら側も立退きに応じる方向で考えていたため、条件の詰めを進めていき、いよいよ立退料の金額を決めるという段階になりました。

その時、相手側で中心になって話をしている紳士が、会話を止めることなく上着を脱ぎました。部下は機敏な動作で紳士から上着を預かりますが、さりげなく私たちに上着の裏地が見えるように上着を椅子にかけます。上着の裏地には、虎と竜の刺繍が施されていました。当然私たちの目にも入るのですが、何もなかったように紳士は話を続けます。相手もさるもので、弁護士相手に、言葉や態度で威圧的な言動をとれば、すぐに刑事事件にされることは十分にわきまえているのです。合法的な威圧です。紳士らしさを装った見た目や話しぶりとのギャップを狙った演出なのです。当然、威圧には屈しませんでしたし、意に介さない素振りで交渉を進めましたが、少し背筋が伸びたのを覚えています。こちらも仕事をしている時は覚悟を決めていますが、弁護士としてその場にいなければ、動揺を隠せなかっ

服装

14 服装を意識しよう！

63

たかもしれません。

　仕事柄このような類いの話をたくさん見聞きしますが、バブルの時期の地上げ屋は自分たちに有利な条件で相手を立ち退かせるために、あの手この手を使って数多くの交渉をしていました。「相手も弁護士相手には違法なことはしないだろう」とは考えていますが、何かされるかもしれない、というプレッシャーを与えて相手を動揺させるというのも、地上げ屋の手口のひとつだったりするわけです。

　服装ひとつでも、交渉の材料になり得ますし、それが足かせになることもあり得るというそのあたりの演出効果を意識して交渉にのぞむことも大切です。

15.

持ち物

テープレコーダーや
デジカメの活用を！

交渉の場面には何を持参していますか？

　交渉にのぞむ際の持ち物としては、名刺や筆記用具やメモ帳、それに交渉内容に関するメモや交渉に関する資料があげられます。

　「そんなの当たり前でしょ！」とおっしゃる方も多いと思いますが、交渉に向けて緊張しすぎたからなのか、逆に緊張感の欠如のせいからなのか、交渉の中身で頭がいっぱいになってしまっているからなのか、当たり前のことが当たり前にできていないことが多いのです。私もこれまでに当たり前のことが当たり前にできていない人を何人も見てきました。初めて交渉の場面で顔を合わせるにもかかわらず、「いやあ……すみません。名刺を忘れてしまいまして……」と言われたことは何回もありますし、白熱する交渉にもかかわらず全くメモをとる気配がないので、ついつい「メモはとらなくても大丈夫なのですか？ こちらの話はちゃんと理解してもらえていますか？」とこちらから水を向けると「いやあ……すみません。メモを切らしてしまっていまして……」といった回答が返ってきたこともありました。普段であれば当たり前のことも、なかなかできない場合もあるのです。

持ち物

15　テープレコーダーやデジカメの活用を！

65

そこで、交渉にのぞむ前には念には念を押して何度も持ち物のチェックをすることが大切です。私も重要な交渉にのぞむ前にはチェックリストを用意しておいて、何度も持ち物のチェックをしてから交渉にのぞむように心がけています。

交渉にのぞむ際の持ち物の中で特に大切なのはメモ帳です。たまに、手持ちの紙の空きスペースや、手帳の端にメモをしている人をみますが、話をメモにとられている立場としては、「そんなところに書いて、なくしたりしないのか」とか、「人の話をそんな空きスペースに書いて、失礼な奴だ」とかさまざまな感情を抱くものです。

逆に、きれいなメモ紙に一所懸命にメモをとってくれている相手をみると、「ちゃんとこちらの言い分を聞いてくれているな」といった安心感を抱くものです。メモ帳も単にメモできればよいと軽く考えることなく、相手からどのようにみられるかを意識して選ぶようにすることが大切です。

携帯用の録音機やデジタルカメラは？

その他の持ち物としては、スマートフォンや携帯用の録音機やデジタルカメラを持参するとよいでしょう。スマートフォンや録音機は、自分自身の備忘のため、または将来の証拠として記録を残すために使います。機械的に録音しておくことで、交渉の場面では話し合いに集中することができますし、後から振り返って交渉内容を再度確認することができますし、裁判になった場合には証拠として提出することも可能になります。人の

記憶は損なわれやすいので、録音機は非常にありがたい存在です。内容を正確に記録することができるだけでなく、録音だと声の様子や細かなニュアンスまで記録されるので、文章だけでは再現できない雰囲気や様子を如実に再現してくれます。何よりメモだとこちらの主観によって表現やニュアンスを調整することができますが、録音だと音声データに手を加えたりしない限り、表現やニュアンスを変更することは困難です。ちなみに、録音しているときでもメモをとることを忘れないようにしてください。録音機が壊れることもありますし、間違ってデータを消去してしまうこともあり得ます。また、交渉の場面で目の前に座っている相手からの見られ方にも配慮が必要になります。先に述べたように、こちらがしっかりとメモをとることの相手に与える心理的効果を考えるべきだからです。

相手に無断で会話を録音しても大丈夫？

　結論からいえば、相手に無断で会話を録音しても全く問題ありません。実際に裁判になった場合に、相手に無断で録音した音声データの証拠能力が争われるケースがありますが、民事裁判の場合にはまず大きな問題にはならないでしょう。裁判所も当事者の一方が相手に無断で録音した音声データを判断の材料としてもよいのかどうか、相手の承諾がなければフェアーじゃないのではないか、そういった観点で証拠能力（判断する際の証拠になりうるか）の有無が検討されますが、よほどの事例でなければ録音データの証拠能力が否定されることはありません。ですので、のちに争いになる可能性があったとしても、録音しておくのが望ましいと思います。裁判の際に提出して争いにな

る可能性があって、それが煩わしいのであれば、裁判の際に提出しなければよいだけだからです。

むしろ、反社会的勢力やクレーマーといったややこしい相手と交渉する場合には、必ず録音するように心がけてください。

暴力団のような反社会的勢力やクレーマーが交渉相手の場合には、デジタルカメラやスマートフォンのカメラも用意しておくことが望ましいと思います。万が一、相手が激昂して、暴力を振るってきたり、器物を壊したりしそうになった場合には、デジタルカメラやスマートフォンのカメラで撮影してすかさず証拠化します。そして、デジタルカメラを選ぶ際には、シャッター速度の速いものを選ぶべきです。デジタルカメラによっては、シャッターを押した後に、撮影データが画像として保存されるまでにかなりの時間を要する機種もあります。決定的な瞬間を撮影しようとしたのに、その瞬間を逃してしまうのでは意味がないのです。

最近では、スマートフォンでの動画撮影が容易になっています。状況の正確な記録化という意味では動画が最善ですので、動画撮影の活用も検討してください。

16.

警 備

警察や警備会社への
事前連絡を忘れずに

反社会的勢力やクレーマーと交渉する場合は？

　暴力団などの反社会的勢力やクレーマーや感情的に激昂している相手との交渉の際には、事前に警察や警備会社に連絡しておくことも検討すべきです。相手が反社会的勢力の場合には、相手の組織がどのような組織であり、相手が組織の中でどのような立場にあるかによってこちらへの態度や対応に違いがありますが、穏やかそうにみえても決して油断できません。

　相手は日ごろから暴力的な言動で相手を威圧し、相手の反抗を抑圧して、思うままに物ごとを進めていくことに慣れているのです。こちらの理詰めの交渉などとは関係なく、あの手この手を講じてきます。恫喝や暴力や脅迫など、実際にこちらの生命、身体、名誉や自由に対する危害を加えようとすることだって十分にあり得ます。実際に何かあってからでは交渉どころではありません。何か有事が起きる前に対策を講じておく必要があります。また、クレーマーもこちらの常識が通用しない相手です。一般的な常識からすると考えられないような執拗な行動をとったり、その場の感情に任せて、こちらの生命、身体、名誉や自由に対する危害を加えたりすることも十分にあり得ます。そもそも、反社会的勢力やクレーマーはこちらの常識が通用し

ない相手なのです。さらに、企業相手の交渉の場合には、あまり想定できませんが、一般人との交渉の場合には相手がものすごく感情的に激昂している場合があります。この場合にも反社会的勢力やクレーマー相手の交渉と同様の備えをしておく必要があります。

　具体的には、事前に警察や警備会社に連絡して相談をしておきます。警察はとても多忙です。ですので、1度相談に行っただけでは、こちらの緊急性や切迫性を理解してくれないこともよくあります。ですので、警察が理解と関心を示してくれるまでは、何度でも足繁く警察に通って安心して交渉にのぞめる体制を構築していきます。何度も通う中で、こちらが現在抱いている不安や恐怖の理由をしっかりと伝えて理解してもらうのです。

　基本的には所轄の警察署に相談に行けば足りますが、所轄の警察署の担当警察官が何度こちらから説明をしても理解してもらえない場合には、各都道府県警本部の窓口に相談に行くことも考えます。さらに、すでに相手が恐喝や脅迫を行い、こちらがその証拠（録音テープなど）を持っているような場合には、検察庁に相談に行くことも考えます。

交渉を行う部屋の隣室で待機してもらう。

　場合によっては、交渉を行う部屋の隣室で警察官や警備員に待機してもらい、何かあったときにすぐに対応してもらえるようにお願いしておく必要があります。このような対応をしても

らうためには、十分な資料をもとにこれまでの経緯と相手の素性や交渉過程での言動をしっかりと警察や警備会社に説明し、緊急性と切迫性がある状況だということを認識してもらう必要があります。場合によっては、そのために何度も警察署に通って、こちらがおかれている状況や相手のこれまでの対応などを丁寧に説明するといった手間や苦労を伴いますが、何かことが起きてからでは遅いのです。何度も何度もお願いして、少しでも安心して交渉ができるように協力をお願いしておくべきです。

警察はすぐに助けてくれる？

「何かありそうな場合に110番通報をすれば警察はすぐきてくれるんでしょ？」といった考えをおもちの方もいるかもしれませんが、それは大きな誤解です。警察署や交番が隣にあるのなら別ですが、そうでなければ警察だって移動の時間が必要です。交通渋滞に巻き込まれる可能性だってあります。

また、交渉の場面で警察に連絡する余裕はありません。交渉をしている。相手が不気嫌になり始めた。相手が威圧的な言動を始めた。なんとかなだめながら……その過程で警察に電話をして、事情を説明して、対応を促して、といった余裕はないでしょう。複数で交渉にのぞんでいれば、1人が席をはずして対応するということはありますが、警察が実際に到着してくれるまでは一定の時間がかかります。何か危害が発生してから到着してもらっても困るのです。警察がすぐ駆けつけて何とかしてくれるという幻想は捨ててください。

私も駆け出しのころに、「警察呼びますよ」、「あ？　よく言った。呼んでみろ！」と言われて、警察に電話している間に、相手が帰ってしまったという笑えない話もありました。警察はすぐにはきてくれません。だからこそ事前の説明と体制の構築が必要になるのです。

自分で現行犯逮捕をする？

　ある程度理屈が通じる相手であれば、「あ、今の発言は恐喝ですね。現行犯として逮捕します」と言う方法を使う場合もあります。

　意外と知られていませんが、実は警察でなくても逮捕ができるのです。刑事訴訟法213条は、「現行犯人は、何人でも、逮捕状なくしてこれを逮捕することができる」と規定しています。「何人でも」は、「ナンビトでも」または「ナンピトでも」と読み、「誰でも」という意味です。「何人でも」とあるように、誰でも逮捕ができるのです。脅迫や恐喝、強要といった行為があった場合には、現行犯で逮捕ができるわけです。だから、いざとなったら、現行犯として逮捕する。もちろん身の危険が生じないことが大前提ですので、無理な現行犯逮捕をするべきではありませんが、相手によってはそのような対応も効果があるかもしれません。

[臨場の方法]

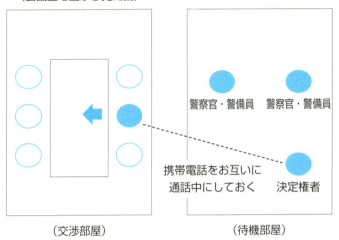

17.

準　備
交渉は情報戦だと
理解しよう！

交渉には独特の緊張感が伴います。

　交渉の席につく前には一定の緊張感が伴います。適度の緊張は脳の回転を速くしますし、集中力を高めるので問題はないのですが、緊張の度合いがすぎると、かえって脳の回転は滞って、相手が話している内容も理解できなくなるし、こちらも何を話しているかわからなくなるといった事態も生じかねません。このような状態になると、その場しのぎのやりとりはできても、こちらの言い分をしっかりと伝えて、相手を説得するといったやりとりは不可能です。

このような緊張感はどこからくるのでしょうか？

　緊張は人間の防衛本能なのです。たとえば、森の中で熊に出くわします。体長2メートルを超えるヒグマです。仁王立ちして威嚇しながらこちらを見ています。想像してみてください。どうでしょうか？　ものすごい緊張感ですよね。人間は危機に直面した時に本能的に闘争意識や逃走意識が芽生えるのです。そのために一度思考が停止するような状態になるのです。ですがこのような状態では交渉は思うようには進みません。

交渉の場面での緊張感は、どのような相手かわからないし、どのような話し合いになるかわからないし、こちらの意向に対して相手がどのような反応をするかわからないといった、漠然とした不安な気持ちから生まれます。ですので、緊張感をやわらげて、脳をフル回転させるためには、まずは、漠然とした不安な気持ちを少しでもやわらげておくことが必要になります。

どうやって漠然とした不安な気持ちをやわらげるのか？

　漠然とした不安な気持ちは、未知の事柄に対する不安と言い換えることができます。誰しも過程や結果がわかっているような事柄に不安は感じません。不安を感じるのは、相手の素性だったり、相手の性格だったり、相手の現在の感情だったりがわからないからです。わからないからこそ不安になるのです。ですので、不安な気持ちをやわらげるためにも、事前に相手の情報を１つでも多く入手しておくのです。相手の情報を知れば知るほど、不安な気持ちは解消されていきます。交渉の場面で事前に十分な情報収集を行うのは、いざ交渉当日を迎えた時に、気後れしないためのコツなのです。事前に集めた相手に関する情報が多ければ多いほど、自信をもって交渉場面を迎えることができると思います。

どうやって相手の情報を入手するのか？　どのような相手の情報を入手するのか？

　今はインターネットを通じていろいろな情報を入手すること

ができます。また、調査会社を利用して、相手の素性を調査することも可能です。もちろん、共通の知人や取引先がいたりすれば、それらのルートを使って相手に関する情報を集めていきます。情報収集を通じて今回の交渉で相手が求めているものが何かがわかれば、それに越したことはありません。ですが、そのような直接的な情報を得られる可能性は多くありません。ですので、相手に関する情報を1つでも多く集めていくのです。場合によっては、相手の出身地はどこか？　相手の出身校はどこか？　相手の趣味は何か？　相手の血液型は何型か？　企業であれば主要な取引先はどこか？　メインバンクはどこか？　年間の売上高はどれくらいか？　手形を振り出しているか？　手形を振り出しているとすればサイトはどのくらいか？　役員構成はどうなっているか？　株主構成はどうなっているか？　資金繰りはどうか？　不良債権を抱えているか？　最近売掛金の回収に失敗したことはあるか？　最近トラブルに巻き込まれたことはあるか？　など、どんな些細な情報でもよいので、コツコツと情報収集を行っていきます。交渉は心理戦ですから、どのような情報から相手の気持ちを揺さぶる材料を得られるかはわかりません。こちらの手持ちの材料は多ければ多いほうがよいのです。意外なところに、交渉解決の糸口があるものです。

交渉は情報戦？

　交渉は心理戦です。そして心理戦を左右するのは情報の質と量です。だから交渉は情報戦なのです。相手の心理を揺さぶるための情報や相手の決断を促すきっかけになる情報など、情報にもさまざまな質があります。ただ、どの場面でどの情報が功

を奏するのかは、相手や交渉の状況によってさまざまです。ですから、まずは可能な限り多くの情報を集めておくことが必要です。交渉の場面では情報が大きな武器になるのです。

　逆に言えば、日ごろから安易な情報の公開には注意が必要です。不用意な情報開示は相手に交渉の際の武器を与えることになりかねません。ですので、自分の情報をどこまで公にするかについては注意が必要なところです。

　私もたまに Twitter やフェイスブックを使っています。法律的な知識だけではなく、自分のプライベートを公開して親しみをもってもらったりすることが目的なのですが、交渉の経緯や交渉の場面で不利にならないように、公開するプライベート情報や、掲載する記事の内容や掲載する時期には十分に注意をしながら運用しています。相手の情報が多ければ多いほど交渉はやりやすいのです。これは企業であっても個人であっても同じことです。

　また、共通の知り合いがいたり、マスコミに知り合いがいたりする場合には、それらの知り合いを通じて情報操作を行ったりすることもあります。たとえば、こちらの本音は100万円の支払いをしてもらえれば相手と示談してもよいと考えているような場合に、あえて第三者から、「150万円の支払いをしてもらえれば示談してもよいと言っているよ」などの情報を流してもらいます。その結果、120万円で示談がまとまるようなケースもあります。情報戦を制する者が交渉を制するのです。それくらい交渉において情報が重要な位置を占めるということを心得

てください。

[情報収集]

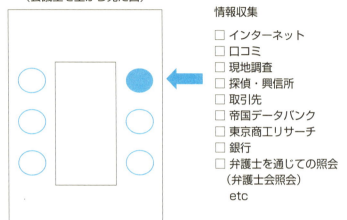

（会議室を上から見た図）

情報収集

☐ インターネット
☐ 口コミ
☐ 現地調査
☐ 探偵・興信所
☐ 取引先
☐ 帝国データバンク
☐ 東京商工リサーチ
☐ 銀行
☐ 弁護士を通じての照会
　（弁護士会照会）
　etc

18.

準 備

交渉は心理戦だと
理解しよう！

交渉は総合格闘技と似ている？

　交渉は総合格闘技と似ています。ディフェンスを固めながら、相手の出方をみて、コツコツと有効打を重ねていく。ときには相手の一瞬の隙をついて決定的な打撃を与える。そういった戦い方が必要になります。

　総合格闘技というと、身体でやるものというイメージがあるかもしれません。でも、実際は心理戦の要素がものすごく高いのです。私も5年間という短い期間ですが、仕事をしながら総合格闘技の道場に通っていた時期があります。もともと格闘技が好きだったという理由で通っていましたが、そこで教わる技術や、スパーリングを通じて経験したことは、弁護士の仕事にも大いに役立っています。私も誤解していたのですが、総合格闘技では頭をものすごく使います。頭を使わずに体力だけで勝ち続けるのは困難です。相手の動きの癖を観察して盗んだり、観察して盗んだ癖に気づかないふりをしてタイミングを見計らったり、相手の攻撃で弱ったふりをしてあえて隙をつくり相手をこちらが得意なパターンに引きずり込んだりといった心理的な駆け引きを、身体を動かしながらも頭で必死に考えているのです。

交渉でも、総合格闘技と同じようにフェイントも使いますし、スウェーも使います。フェイントは競技や格闘技などで相手を惑わすために行う動作です。腕や身体の向きを使って相手を惑わす場合もあれば、自分が進もうとする方向と反対方向を見るといったように目の動きで相手を惑わす場合もあります。スウェーはボクシングの防御方法のひとつです。相手がパンチを打ってきた時に、身体を後ろにそらせて相手の攻撃を避ける動作です。格闘技ではあの手この手を使って、相手を惑わせて相手の攻撃を封じたり、相手の動きをかわしたりしながら、こちらの攻撃のタイミングを計ります。

しかし、総合格闘技は相手を打ち負かすことで結論に達しますが、交渉は違います。相手を攻撃することもあれば、相手の攻撃をかわすことも必要です。相手の隙をみつけることも重要ですし、あえてこちらの隙をみせて相手を油断させることも必要です。そのようにしてあの手この手を講じて、最終的にはお互いに歩み寄って結論に達します。総合格闘技でいえば引き分け＝ドローの結果をめざすのです。総合格闘技と違って、交渉の場合には相手をKOしても自分がKOされてもダメなのです。まれに「相手を打ち負かしてやる！」と意気込んで交渉にのぞむ人もいますが、あくまで交渉でめざすべきは引き分け＝ドローなのです。

タイムズスクエアの偽キャラクター

先日、ニューヨークに行ったときに、こんな光景を目にしました。ニューヨークにタイムズスクエアという観光名所があり

ます。そこに行くと、セサミストリートのエルモだったり、マリオだったり、ミッキーマウスだったりのキャラクターに扮した人たちがたくさんうろうろしています。何だか賑やかな雰囲気です。そして、これらの偽物キャラクターは、観光客のところにフレンドリーな素振りで近寄って行き、可愛らしくポーズを取りながら「いっしょに写真を撮ろう」「お金はいらないから」みたいなことを言って、いっしょに写真を撮るように誘導します。観光客も多少浮かれているからでしょうか、いっしょに写真を撮ってもらって、笑顔で写真に写ります。

　ところが、写真を撮った後に、複数人のキャラクターがぞろぞろ集まってきて、それぞれが「チップは？」「チップくれないの？」みたいなことを言い寄り始めます。ここで断固として断ることができれば問題がないのですが、「アメリカはチップの文化だし、写真も撮ってもらったし……」ということを考えてしまうからなのでしょうか、ほとんどの観光客はチップを渡してしまいます。

　この場面を交渉の側面から考えると、幾つかのポイントがあります。偽物キャラクターたちは、これらのポイントを押さえながら、観光客の心理を上手に探りつつ、巧みにチップを獲得していることがわかります。偽物キャラクターたちが利用している観光客の心理的なポイントとしては、①ずっと前から見覚えのあるキャラクターに扮して観光客に親近感を抱かせ心理的なハードルを下げていること、②観光客も観光名所で多少浮かれた心理的な状況にあること、③観光客も記念になる想い出を記録に残したいと考えていること、④偽物キャラクターたちは、観光客に対して「お金はいらない」と言ってさらに油断させていること、⑤偽物キャラクターは実際に写真を撮って観光客に

対して想い出や記録といった利益を与えていること、⑥多くの偽物キャラクターで取り囲むことで数的優位をつくりだして観光客に対するプレッシャーを強めていること、⑦それらが多くの人手賑わう公の場で堂々と行われていること、⑧近くに本物の警察がいる状況下で行われていること等があげられます。

　偽物キャラクターたちは、これらの状況を作出したり、利用したりして、観光客が「チップくらいなら払うか……」とか「断りづらいな……」といった気持ちになるように巧みに仕向けているのです。

具体的な心理的駆け引きを行うためには？

　多少話が脱線したので話を戻します。心理的な駆け引きと考えると難しそうですが、そんなに難しく考える必要はありません。ポイントは**相手の立場に立って考える**ことです。相手の立場に立ってストーリーを考えてみるのです。相手の気持ちを理解するのには、相手の立場に立って考えてみるというのが一番だからです。無茶苦茶な理屈を言っていて、とうてい理解することが難しそうな相手だと思ってみても、立場を変えて相手の立場に立って考えてみると相手の言うことも理解できる場面があります。この状況で自分が相手の立場だったらどう考えるか？　交渉のさまざまな場面で相手の立場に立って考えることを繰り返していくのです。

　相手の立場に立って考えてみると、まずは相手がどうしてその点にこだわるのかといった、これまで相手と対峙する立場では理解できなかったことが理解できるようになります。次に相

手が嫌がることや嫌がる交渉のやり方がみえてくるようになります。そして相手の立場に立って考えてみることで、自分の立場も客観的にみられるようになって、自分の気持ちも整理され始めます。

　具体的な方法は、やはり紙に書き出してみることです。交渉に入る前にポジションペーパーを作成していたら、交渉の進捗状況に応じて相手の発言内容や思考過程を書き足していくのです。そして、このメモを見ていると、自然と相手が次の交渉の席上でどのようなことを言ってくるかが事前に予想できるようになります。相手の発言が予想できれば、こちらも相手に対する回答内容を準備することができます。

　これも駆け引きのひとつです。交渉の席では、「え？ そんなことを言うんですか？」という態度をしつつも、実は事前に準備してある内容の回答をする。それができれば、交渉の緒戦は制したも同様です。

準備

18 交渉は心理戦だと理解しよう！

19.

準 備
交渉はプレッシャーのかけ合いである

交渉はプレッシャーのかけ合い？

第1章 交渉前

　交渉はプレッシャーのかけ合いです。あの手この手を使って相手にプレッシャーをかけていきます。相手も同じようにこちらにプレッシャーをかけてきます。プレッシャーの内容は、取引の条件だったり、交渉の期間だったり、場合によっては交渉とは直接関係のない取引の話だったり、さまざまです。

　私も、一時期、暴力団相手の交渉をしていた際に、夜な夜な黒塗りの車に尾行されていた時期がありました。当初は帰宅ルートを変えたりしながらしのいでいましたが、あまりに露骨に尾行してくるので、勇気を出して詰め寄ったことがあります。こちらが黒塗りの車に詰め寄って２、３歩近づいたら、相手はすぐに車を発進しました。何度かそのようなことを繰り返しました。最終的にはある筋を通じて（反社会的勢力ではありません）、そのようなつきまとい行為を排除してもらいましたが、何とも気持ちの悪い不気味な気持ちで数日間を過ごしました。

　当然このようなプレッシャーには屈しません。弁護士として法律事務所の看板を出している以上は、相応の覚悟をもっているからです。内心はおっかなびっくりでも一定の姿勢を維持し

84

続けなければなりませんし、こちらも職業人としての意地と覚悟があるからです。でも場合によってはこのような得体の知れない方法で相手の心理的動揺を誘うようなことまでして、プレッシャーをかけたり、かけられたりする場合もあるのです。

相手の組織を利用しましょう。

　相手に対するプレッシャーのかけ方にはさまざまな方法があります。効果的な方法としては、相手の上部組織の威を借りるという方法があります。たとえば、相手と交渉していて、並行線で先が見えなくなったときに、「そんなに言うのなら、一度、あなたの上司と話をさせてください」とか、「もう少し権限のある人と話をさせてください」と発言します。相手の交渉担当者が金融機関や保険会社などある程度ピラミッド型の組織に属している場合には、結構な効果が期待できる場合があります。

　相手の交渉担当者は、上司から任されて、今回の交渉にのぞんでいます。上司は、交渉窓口を任せた部下が首尾よく交渉をまとめてくれることを期待しているのです。上司の出番がなく交渉がまとまれば、上司は、「よくやった。頑張ったな」などと部下である交渉担当者を褒めるでしょう。逆に、任せたはずの交渉を部下が十分にまとめることができず、上司が直接交渉の場面に出なければ解決ができないような場合には、上司は、「どうなっている？　大丈夫なのか？　お前に期待して交渉を任せたのに……」と部下に対する信頼感を目減りさせます。

　交渉担当者である部下は組織の人間である以上、ほとんどの

準備

19　交渉はプレッシャーのかけ合いである

85

場合、出世を意識します。ですから、上司によけいな心配をかけたり、気苦労を与えたり、何より自分の組織の中での評価が下がるような発言をされることを嫌います。ですから、交渉の場面で、実際にはそのようなことをするつもりはなくても、「あなたの上司に告げ口するぞ」といった趣旨の発言をして、相手が態度を変えざるを得ないように仕向けたり、その後も相手が強引な要求をしたり横柄な態度をとったりしないようにけん制していくのです。

相手の上部団体や監督団体を利用しましょう。

　相手の組織への申告をちらつかせたり、実際に相手が所属している組織の上司に申告したりしても、相手の態度や姿勢に改善がみられない場合には、さらに相手の上部団体や監督団体を利用することも検討します。

　たとえば、金融機関相手の交渉の場合のキラーフレーズは、「金融庁に申し入れます」とか、「○○銀行協会の苦情相談窓口に相談します」です。銀行などの金融機関の監督は、金融庁が行っています。金融機関は、監督官庁である金融庁ににらまれるのを嫌います。交渉の過程で対応に不適切な部分があれば、金融庁から改善指導を受けたりすることがあります。そうした場合には、その金融機関の支店の支店長や副支店長、その他自分の直属の上司の成績や今後の出世等まで影響が出てくる可能性も生じます。相手としては、自分の不用意な発言や不適切と思われる言動で、そのような大きな影響が生じることは絶対に避けたいと考えています。

交渉の過程では、どんなに冷静であろうとしても多少声を荒げてしまったり、相手の名誉や感情を害するような不適切な発言をしてしまったり、誤解を招くような発言をしてしまったりすることがあります。どんなに徹底してクリーンな交渉を心がけていたとしても、誰の目から見ても100%クリーンと言いきれるか？ というと100%の自信まではないことのほうがほとんどです。相手としては、「金融庁や○○銀行協会に言ってもいいですよ。好きにしてください」くらいの発言をするかもしれませんが、内心は嫌がっているはずです。ですので、実際に告げ口や苦情相談を行うか否かはおいておくとしても、相手の上部団体や監督団体に告げ口をするというような物言いだけで、相手に対するけん制になる場合が結構あるのです。

　また、同じような発想で不動産屋に対しては、「宅建協会に苦情の申立てをします」とか、弁護士に対しては、「弁護士会に懲戒請求をします」などといったやりとりも相手をけん制する効果が期待できます。

　ただ、場合によっては、相手を不当に挑発している、相手を威圧している、威嚇していると受け取られる可能性もあるので、かえって相手との対立の溝を深めかねません。ですので、相手の対応や交渉姿勢、状況を的確に判断して、これらの発言をプレッシャーの材料として用いていくという姿勢が大切です。

第2章

交渉の場面で

いよいよ交渉の本丸です。

ここでも、やみくもに自分たちの獲得目標だけを主張し続けるのでは、まとまる話もまとまらなくなってしまいます。

大切なのは、①相手の立場に立って交渉を進めることと、②双方が納得できるゴールに向けて歩み寄る努力を続けることです。

世の中には、ハードネゴシエイターを気取って、とにかく相手の主張を封じ込めて、自分の言い分を通して、自分の言いたいことだけを伝えて、自分の要求を通して、自分たちの思いどおりの結論にたどりついて満足するといった輩もたくさんいます。そして、それを生業にしている人たちも散見します。

ですが、意固地になって、自分たちの立場だけを主張し続けるのは愚の骨頂です。世の中の出来事はすべて連続しています。今3を譲っても、将来7を獲得できれば成功です。逆に、今無理やり5を獲得したとしても、将来2を失ってしまうのでは、意味がありません。大切なのはWin-Winの結果を求めることです。

人はどうしても目先の利益だけを追求しがちです。真剣になればなるほど、そして、入り込めば入り込むほど、視野は狭くなっていきます。ですから、ひと呼吸おいて、一歩引いて、先を見据えて考えてください。視点を遠くに、視野を広くとらえて、視座を高くもつといった姿勢が大切だと思います。そうす

ればより実りの多い交渉結果を得られます。

　繰り返しになりますが、①相手の立場に立って交渉を進めることと、②双方が納得できるゴールに向けて歩み寄る努力を続けることが重要です。交渉の場面ではより一層この2点を意識して具体的なやりとりを進めていくようにしてください。

　以下、具体的に説明していきます。

第2章

交渉の場面で

20.

会 話

はじめのひとことで「ラポール」を築く

ファーストコンタクトを意識する？

ファーストコンタクトとは、最初の接触という意味です。異なる文明・文化をもつ者同士が初めて出会うことを指します。

ファーストコンタクトという単語はよく格闘技の世界でも使われます。すでに述べたように交渉は総合格闘技に似ています。総合格闘技ではファーストコンタクトが重要だといわれます。総合格闘技では、最初に何を仕掛けるかを試合前から相手の癖を研究しながら、十分に考えます。試合経験が乏しく、研究資料のない相手の場合でも、限られた情報ではありますが、手持ちの情報や、対面した印象の中から、ファーストコンタクトの方法を考えます。おそらく有名選手であれば、記者会見の席上でも、虎視眈々とファーストコンタクトの方法を検討しているはずです。

交渉もそれと同じです。交渉に際して、初対面であれば、挨拶や名刺交換からスタートすることになります。この段階は、すでに交渉の３合目です。もし、あなたが何気なく挨拶や名刺交換をしてきたのであれば、意識を変えていただく必要があります。

名刺を忘れるなんてもってのほかです。名刺の枚数が足りないのも同じです。「あれ？　名刺が……」なんて言いながらスーツの胸ポケットやカバンから名刺入れを探すなんていうのも相手に切っ先を制される要因になります。スーツや胸ポケットやカバンから名刺入れを探して名刺入れがみつかればよいのですが、ひどい場合には名刺入れ自体を忘れて、手帳に挟んでいた名刺や財布の中にいざというときのために入れておいた名刺を差し出すような場面も見受けられます。名刺自体がしわくちゃになっていたり、折れていたり……実際に何度もそのような相手に遭遇しています。こういった事態が生じるのは交渉にのぞむそもそもの姿勢に問題があるからです。緊張感の欠如が原因です。こういった失態が自分自身に引け目を感じさせるとともに、相手に精神的な優位を与えてしまうので、その後の交渉も思うようには進みません。

名刺を忘れた場合には？

　ですので、万が一、交渉の場に名刺を忘れてしまったような場合には、その場で無理に名刺を探そうとせずに、「すみません。名刺を忘れてしまいました」と堂々と相手に伝えてください。そのうえで、「後日、送らせていただきます」と言って、話し合いに入ればよいのです。ポイントは堂々とふるまうことです。その態度が相手にこちらの自信と抜け目のなさといった印象を与えることになります。そして、交渉が終わった後に、送り状をつけて FAX で名刺を送信したり、郵送で名刺を送付したり、場合によっては直接届けたりすればよいのです。人間は完璧ではありません。私自身も名刺を忘れたことがあります

が、同じように後から名刺を届けたりしています。

ラポールを築く？　築かない？

　最初のひとことが重要です。基本的な姿勢としては下手に出るように心がけます。挨拶自体は、「○○さん、本日はお時間を頂戴しまして有難うございます」程度でよいと思いますが、まず大切なのはこちらから挨拶をすることです。こちらが話し合いの切っ先を制するのです。丁寧にかつ丁重にはっきりと挨拶してください。ここでも相手に伝えたいのはこちらの抜け目のなさと自信あり気な雰囲気です。

　そして、次に大切なのは「○○さん」と名前を呼ぶことです。名前を呼ばれて不愉快な気分を抱く人はいません。人は、自分自身を「個」として認識してくれている相手に親近感を抱きます。たとえば、同じく「ありがとう」と言われる場面を想像してください。ただ「ありがとう」と言われるよりも、「○○さん、ありがとう」と言われたほうが嬉しさも増しませんか？これと同じことです。

　交渉の場面で相手の名前を呼ぶことによって、ラポールを築くことが期待できます。ラポールは、心理学の用語です。人と人の間の和やかな心の通い合った状態をいいます。名前を呼ぶことで和みを生じさせるのです。

　さらに一歩進んで、「あれ？　どこかでお会いしませんでしたっけ？」とわざと言うこともあります。会ったことがなくても、

「わざと」言うのがポイントです。これで相手によけいなことを考えさせます。相手も「あれ？」と一瞬考えるはずです。相手もこちらを観察して思い出そうとするので、心理的な距離が縮まります。

　逆に、あえて、ラポールを築かない場合もあります。たとえば、私の場合は、相手が弁護士登録して間がない弁護士だったり、リサーチやドラフトばかりをやっていて交渉の場に慣れてなさそうな弁護士の場合には、あえて無言でしかめ面をして登場したり、あえて大きな声で挨拶をすることで、相手の気勢を制したりということをしたりします。もちろん事前に可能な限りの情報を集めて事前にファーストコンタクトの場面のイメージトレーニングをしてのぞみます。十分な情報が集まらない場合には、その場の雰囲気や相手のふるまいを観察して、探りながらファーストコンタクトの仕方を考えていったりしています。

　状況と相手に応じて、最も効果的なファーストコンタクトを行うように心がけてください。考えている以上に、どのようにファーストコンタクトを行うかで、交渉の雲行きは変わっていくものなのです。

95

[ファーストコンタクト]
（会議室を上から見た図）

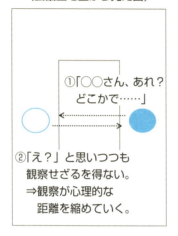

21.

会 話

交渉における基本的なスタンスは？

最初のひとことは？

　最初の話の切り出し方で迷う人も多いと思います。理想的な進め方は、挨拶を終えた後は、とにかく可能な限り相手の話を聞くという姿勢に徹することです。挨拶をすませたら、聞き役にまわり、話し合いの中からどれだけ多くの相手の考えを引き出せるかに徹していきます。

　交渉は相手の態度や会話の内容から相手の真意を探るプロセスです。相手の最終ラインがわかっている交渉ほどやりやすい交渉はありません。そのような場合は、相手の最終ラインに応じて、こちらの可能なところを譲歩していけば足りるからです。交渉が容易ではないのは、ポーカーのようにお互いに手の内（＝最終ライン）を探られないようにしながら、話し合いを進めていかなければならないからです。相手の手の内を探るための情報は多ければ多いほうがよいのです。できるだけ多くの情報を引き出すために、とにかく聞き役に徹して、相手の真意を引き出していくというスタンスが大切です。

97

例外は？

　とにかく聞き役に徹して、相手にできるだけ多くを語ってもらうことが基本ですが、例外があります。謝罪の交渉の場合です。

　謝罪の交渉では、まずはこちらから謝罪のひとことを述べるべきですし、経緯を含めてこちら側から事情を説明しなければ誠意が伝わらないことが多いのです。謝罪の交渉の相手はたいていの場合、被害者意識をもっています。被害者的立場にある人が一番知りたいのは、「どうして自分が被害者的立場にならなければならなかったのか？」ということです。加害者的立場にある人がどのような人物で、今回の出来事がどのような経緯で起きたのか、なぜ自分が巻き込まれたのか、そのあたりの説明を聞いて納得できなければ、相手の謝意を受け入れることができないのです。

　弁護士の業務のひとつに、刑事事件での示談交渉があります。示談というのは、犯罪者が被害者に対して謝意を示して、被害者に謝意を受け入れてもらい許しを乞うために行う話し合いです。犯罪者から依頼を受けたり、国から選任されたりして、弁護士が被害者との示談交渉を行うのです。

　この場合、被害者は、たいてい「どうして自分が被害者になってしまったのか？」、「加害者はどんな人物なのか？」、「逆恨みされるようなことはないのか？」、「加害者は本当に罪を償うのか？」、「今後の手続はどのようになるのか？」、「目の前の弁

護士は信用できるのか？」といったことに関心をおいています。

　ですので、まずは、それらを１つひとつ丁寧に説明していくことになります。加害者はどのような人物で、今はどのようなことを考え、どのような状況にあるのか、今後はどのような処罰を受けることになるのかといったことを被害者の表情や態度を見ながら説明していくのです。そのようなことをすべて丁寧に説明した後に、ようやく交渉が始まります。そうしなければ、相手は話を聞く耳をもってくれないのです。謝罪の交渉の場合には、まずは相手に交渉のテーブルについてもらうためにも、丁寧な事実説明を行うことが必要になってくるのです。

　相手が交渉のテーブルについてくれるような姿勢を示した後は、通常の交渉と同様に聞き役に徹して、相手の意向を探っていくのです。

会話

21 交渉における基本的なスタンスは？

[基本的なスタンス]

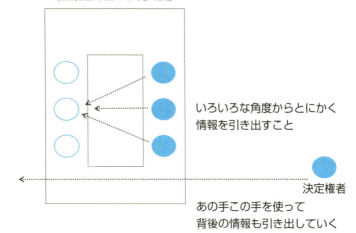

22.

観　察

相手を観察しよう！

交渉に先立ち相手を意識的に観察していますか？

　答えは人それぞれだと思います。ポイントは「意識的に」というところです。外見や身につけている物にはその人の個性が現れます。思い込みや盲信はいけませんが、相手の外見やふるまいやわずかなしぐさから相手の行動や性格に関するある程度の内容を推測することができます。

　たとえば、高そうなスーツを着ていたり、ブランドもののネクタイを締めていたり、ピカピカに磨いた靴を履いていたりする人は、メンツや体裁を気にする人という推測ができます。ですので、交渉の相手がこのような相手である場合には、「お土産」や「手柄」を与えてあげることによって、交渉の早期解決が可能になる場合があります。ここでいう「お土産」は実際の物ではなく、交渉の中で何かを獲得したという実績を与えてあげるという意味です。相手に精神的な満足や、誰かに話すときに格好をつけられるようなネタを与えてあげることで、相手からの譲歩を引き出すことができる場合があります。

　逆に、よれよれの服を着ていたり、安っぽいネクタイを締めていたり、泥だらけの靴を履いている人は、ずぼらだったり、細かいことに気を使わない人という推測ができます。ですので、

細かい理屈をこねて理論的に説得するよりは、話の大筋を説明したり、直観的な良い悪いだけの話をしたりすることで、交渉の早期解決が可能になる場合があります。緻密な解決よりは大雑把な解決を好む傾向にあるのです。

このように交渉に先立ち相手を意識的に観察することによって、交渉解決に向けての道筋を有利な方向に変えていくことが可能になります。

相手の目を見る。

交渉の席では必ず相手の目や目の動きを観察するようにしてください。相手の目をみつめすぎると失礼にあたる場合もありますので、みつめすぎないようにすることが大切です。こちらが目をみつめた時に、目をそらす相手は、弱気な性格の人が多いといわれます。逆に、目をじっと見返してくる相手は、好戦的な性格の人が多いといわれます。相手がどのような性格かを相手の目や目の動きを見て観察するのです。

これは会話でも同じです。目をそらして下を見ながら話す人は弱気な人が多い。落ち着かずにあちこち見ながら話す人は嘘をついている可能性がある。そういった推測ができることが多いのです。交渉の場面において相手に関する情報は多ければ多いほうがよいので、相手の行動を予測できればできるほど、こちらの交渉における戦略は立てやすくなりますし、効果的な戦術を選択しやすくなります。そのためにも、相手を意識的に観察するという姿勢が重要になります。

「Lie to me 嘘の瞬間」という海外ドラマがあります。

　このドラマでは、ティム・ロス演じるカル・ライトマン博士は微表情学の第一人者として、地元の警察や官公庁の依頼を受けて複雑な事件を解決していきます。彼は「言葉は信用できない」と断言し、証人や関係者の微妙な表情の差異から、真実を探求していくのです。私はこのドラマが好きですべてみましたが、なるほど、実際の交渉にも参考になることが多々含まれています。表情は、言葉よりも雄弁に深層心理を語ってくれます。

　私は、それ以外にも表情心理学の本を好んで読んでいます。裁判手続の一場面として、証人尋問という場面があります。刑事裁判でも行われますし、民事裁判でも行われます。法廷もののテレビドラマでよく登場するあの場面です。証人尋問における質問に対する回答はすべて裁判官が事件を判断する際の証拠になります。弁護士は、法廷での相手との質問と回答のやりとりから少しでも有利な証拠を獲得しようと、訴訟記録や証拠を子細に検討したうえで裁判にのぞみ、証人や当事者に質問をぶつけていきます。

　こちら側で用意した証人の場合には、事前にリハーサルを行って、質問と回答の準備をしたうえで裁判にのぞむので、通常の場合には予定どおりに終わります。

　他方で、相手側が申請した証人の場合には注意が必要です。相手側が申請した証人を尋問する際には、事前にリハーサルができないので、当日の一発勝負になります。もちろんそれまでのやりとりや証人の立場や立ち位置からある程度の回答を推測しながら進めていく場合もありますが、ほとんどのやりとりは

観察

22　相手を観察しよう！

103

その場の受け答えの中から、相手の嘘や矛盾を暴いていかなければなりません。個人的には弁護士の業務の中で一番好きな場面です。この場面では、証人の表情や証言態度をつぶさに観察しながら、その場で質問を組み立てていきます。その際に、表情心理学の勉強が功を奏するのです。

　たとえば、「嘘つきは鼻をこする」といいますが、法廷で平気で嘘をつくような人には、鼻をこするような無意識下の態度がよく現れます。また、身体の向きは心の向きを現わすといいますが、その場から逃げ出したい人の身体は自然と、法廷の外に向いていたりします。こういった例をいくつもインプットしておいて、その場で相手の心理状態や深層心理を探りながら、質問を組み立てていくのです。この方法は、もちろん交渉の場面でも応用できます。事前に表情心理学の情報をインプットしておいて、交渉の場面での相手の表情や態度や身体の向きなどから、相手の考えを推察しながら交渉を組み立てていくのです。

　この分野ではたくさんの本が出ていますが、おすすめはＰ・エクマン＝Ｗ・Ｖ・フリーセン著『表情分析入門』（誠信書房）です。写真も豊富に掲載されていますし、自分自身で表情分析のトレーニングを行うにはうってつけです。私もこの本を読んで、表情分析の勉強を始めました。交渉の場面だけではなくて、日常生活のさまざまな場面でも活用できますので、興味がある方はぜひ手にとってみてください。

[相手を意識的に観察しよう]
（会議室を上から見た図）

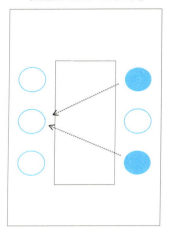

相手を意識的に観察する

□ スーツ
□ くつ
□ メガネ
□ ネクタイ
□ 首を傾ける
□ 鼻や耳をこする
□ 唇の表情
□ 腕組み
□ 声のトーン
□ 何をメモしたか

23.

想　像

相手の組織を考えて
効果的な対応を！

相手が単身で交渉にのぞんでいるのか、組織を代表して交渉にのぞんでいるのか？

　それによってこちら側でとるべき対応が変わってきます。相手が単独で交渉にのぞんでいる場合には、目の前の相手が単独で意思決定を行うことができます。これに対して、相手が組織を代表して交渉にのぞんでいる場合には、まずは交渉担当者が組織の中でどのような立場にあるかを考える必要があります。

　相手が組織を代表して交渉にのぞんでいる場合には、交渉担当者が独断で結論を出すことはできません。結論を出すためには、必ず組織に戻って、こちら側の提案を上司に報告したり説明したりして、上司の決裁をもらう必要があります。大きな組織であれば、上司への報告や説明と決裁の過程が何重にもなっている場合もあります。このような場合に、相手の組織を考えずに交渉したとしても、実りある成果を得ることはできません。説得しなければならないのは、目の前の交渉担当者ではなく、交渉の場面にはいない交渉担当者の上司だからです。

　ですから、このような場合には交渉担当者だけを意識していても意味がありません。具体的な交渉のやりとりの中では、必

ず交渉担当者の後ろにいる組織の意思決定権者に向けたメッセージを盛り込む必要があるのです。

　場合によっては、相手の交渉担当者との話し合いが終わった後に、メールやFAXで適切に交渉内容や交渉の経過をまとめたメモを相手の交渉担当者の上司に対して送付したりすることが効果的な場合もあります。交渉担当者が交渉時のこちら側の提案を意思決定者に適切に伝えてくれるとは限らないからです。相手の交渉担当者の怠慢や能力不足や交渉担当者が上司に良い評価をしてもらおうと取り繕ったりして当方の意図が適切に伝わらないとしたら、それだけ交渉の解決は遠のいていきます。また、交渉担当者がこちらに強い悪感情を抱いているような場合には、交渉内容が交渉担当者に意図的に捻じ曲げられてしまう可能性があります。交渉担当者の背後にいる決定権者の存在を意識しながら交渉を進めなければ、最悪の場合にはよけいな感情的対立の溝が生まれたり、無駄な時間がかかったりするので、意識的にそのような誤解や誤謬を取り除いていく必要があるのです。

　また、場合によっては、目の前の交渉担当者に良い気持ちになってもらい、こちらの「使者」のような役割を演じてもらうことも一考です。目の前の交渉担当者を利用して、相手の意思決定権者を説得してもらうのです。たとえば、同じような天気であっても、「薄曇り」と表現するのか、「薄晴れ」と表現するのかで受け手が受ける印象は全く変わってきます。交渉担当者がこちらに同情してくれたり、こちらに好感をもってくれたりすれば、こちらが望む方向の内容で上司に報告してくれる可能

想像

23　相手の組織を考えて効果的な対応を！

性が高まります。さらに、こちら側への同情や好感が強まれば、交渉担当者がより積極的に上司を説得するような報告をあげてくれることも期待できます。

これらは、相手の組織を意識した交渉を行ってこそ初めてなし得ることです。

事前の情報収集も大切です。

会社や組織相手の交渉の場合には、事前に情報収集を十分に行います。現在はほとんどの会社や団体が自社や自分たちの団体を紹介するホームページをもっています。そして、ホームページには会社の「企業理念」や「ごあいさつ」などその会社の基本姿勢が示されていたり、団体の「設立目的」や「活動内容」などその団体の存在意義が示されていたりすることが多いと思います。個人でも会社でも組織でも、この「企業理念」や「ごあいさつ」や「設立目的」といった建前と異なる行動をとることは容易ではありません。自分たちの存在目的や存在意義を自ら否定することになってしまうからです。

そこで、この「企業理念」や「ごあいさつ」や「設立目的」を把握したうえで、交渉の場や文書のやりとりの中で、これらをくすぐるひとことを入れたりします。たとえば、同じ価値観に立っているかのような文言を入れることで、「われわれと同じような姿勢だな……無理強いはできないな」といった親近感や共感を抱かせるという方法もあります。また、相手の「企業理念」や「ごあいさつ」からすれば、こちらのＡという問いに

対して、Bという答えは返さないだろうといった予測が立てば、こちらが主導権を保ちながら話し合いを進めていくことが可能になります。たとえば自社の企業理念に、「私たち地球市民にとって環境こそが一番大切な課題です」と環境を大切に行動しているとうたっている会社は、環境に有害な行動をとることはできないものです。ですので、交渉や文書のやりとりの中で、この「企業理念」や「ごあいさつ」をくすぐるひとことを入れたりすることで、解決に近づけていくのです。

［相手のためにお膳立てを］
（会議室を上から見た図）

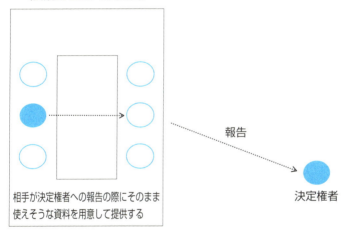

24.

会　話

効果的な声の大きさやトーンや速度を選ぼう！

声質や声のトーンを意識していますか？

　この質問に対しては、「そこまでは考えていない」という方が大半かもしれません。私は案件の内容に応じて声のトーンや速度を使い分けるようにしています。

　低い声でゆっくり話すと、相手に安心感や貫禄や落ち着き、こちら側の決意を感じさせることができます。逆に、口数を多く、速いテンポでまくし立てるように話をすれば、こちら側の怒りや、こちら側の頭の回転の速さを印象づけることができます。たとえば、私はこちら側に非があるような謝罪の交渉の場合には、まずは低い声でゆっくりと話を切り出すようにしています。逆に、相手に非があって相手に対してこちらの要求をつきつけていくような交渉の場面では、速いテンポでまくし立てるように話を切り出すようにしています。

　これらの話し方の声質やテンポは、その後の相手との会話のやりとりの中で、相手がどのような話し方をするかにあわせて変えていきます。その時々の場面に応じて、適切な声質や速度

を選んで話を進めていくことが大切です。

こちらの話を全く聞こうとしない相手には？

　相手が一方的にまくし立てるような話し方をしてきてこちらの言い分を聞いてくれようとしない場合には、まずは少し大きな声で、「こちらの話も聞いてください！」と遮って、相手と同じようなテンポで話を進めていきます。このような相手の場合には、こちらがゆっくりと説明しようとしても、途中でこちらの話を遮って、またベラベラと自分の言い分を一方的にまくし立ててきて、こちらの話を全く聞いてくれないまま交渉が進んでいくようなことがほとんどだからです。

　こちらが、「こちらの話も聞いてください！」と何度か言っても話を聞いてくれず、相手が一方的に自分の言い分だけをまくし立ててくるような場合には、ひとしきり相手に言いたいことを言わせ続けます。相手の一方的な話は何十分もかかるかもしれませんが、こちらは粘り強くタイミングを待ちます。誰しも何十分も何時間も一方的に話を続けるには限界があります。

　どんなに早口で一方的にまくし立てるような相手であっても、必ず息継ぎをしますし、次に言うことを考えるために一瞬話を止める場合もあります。相手が息継ぎをしたり、一瞬話の速度を落としたり、またはひととおり言いたいことを言い終わった時が、こちらが話を始めるタイミングです。相手の話を踏まえて「私どもとしては……」などと話を始めればよいのです。

25.

会 話

相手の土俵で戦わない

　「相撲は相手の土俵でとれ」という言葉があります。大正時代に無敵を誇った名横綱、栃木山守也の言葉です。これは自分が慣れ親しんだ土俵で勝負に勝つのは当たり前のことで、相手の土俵で勝たないと本当の勝ちではないといったことです。

　連戦連勝を誇る名横綱であればよいのですが、私たち普通の人間が交渉にのぞむ場合には、逆に「相手の土俵では戦わない」ようにする必要があります。

　これは、相手が慣れ親しんだ場所で交渉を行うのではなく、自分が慣れ親しんだ場所で交渉を行ったほうが有利に交渉を進めることができるといった場所の問題だけではありません。

　議論の対象になっている事柄についても同じことがいえます。

　たとえば、相手が「理屈としてはどちらが合っているのか」ということを前面に出してこちらを説得しようとしている場合に、こちらも「理屈としてはどっちが合っているのか」ということを前面に出して相手を説得しようとしても難しい場合が多いのです。相手は自分の理屈がすぐれていると思うからこそ、理屈にスポットライトをあてて話をしてきているのです。いわ

ば相手は自分の理屈に自信をもっているわけです。そのような相手を理屈で説得しようとしても、応じてくれることはほとんどありません。

　このような場合には、相手が設定した「理屈」という土俵以外の土俵を設定して話し合いを進めてみると、思いのほか良い結果に到達できる場合があります。たとえば、相手が「理屈」でくる場合には、こちらは「感情」を前面に出して話し合いを進めてみるのです。相手は、理屈のことばかりを考えています。そのようなときに突然あまり考えたことのない感情的な話をされると、意外にグラッとくることがあります。不意をつかれた状態になるわけです。

　相手が設定した土俵で戦ってしまうと、どうしてもどちらの理屈がすぐれているかとか、どちらが感情的に道理に合っているかといった優劣の部分にスポットライトがあたってしまい、そこから先に話が進みません。相手が理屈っぽい場合には、こちらは感情的に、逆に相手が感情的な場合には、こちらは理屈っぽく対応したりすることで、違った土俵に相手を導くのです。そして相手が導かれる土俵はこちらが有利に話を進めることができる土俵であれば、なお素晴らしい効果が期待できると思います。

会話

25　相手の土俵で戦わない

113

［相手の土俵では戦わない］
（会議室を上から見た図）

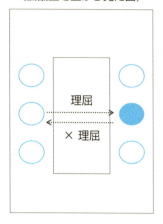

理屈に理屈で返したら理屈の優劣になってしまう。
感情に感情で返したら感情的な道理の優劣になってしまう。
⇒スカしやズラしを意識する。

決定権者

26.

会話

食べる？ 食べない？
食べない？ 食べる？

質問の仕方も重要です。
次の質問をみてください。

質問の仕方が回答に与える影響はどう違うでしょうか？

「食べる？ 食べない？」
「食べない？ 食べる？」

　私が所属する法律事務所で集めたアンケートによると、最初に肯定的な質問がきた場合のほうが、肯定的な回答に結びつきやすいという結論が出ています。逆にいえば、最初に否定的な質問がきた場合には、否定的な回答に結びつきやすいということがいえます。この質問方法を交渉の会話の中で用いることができます。質問の仕方によって相手から引き出せる回答内容が変わってくるのです。

　裁判には証人尋問という手続があります。裁判を題材とした映画やドラマで弁護士が証人に対して質問を繰り返して回答を引き出していくという場面を目にしたことがある方も多いと思います。

115

弁護士 「あなたは焼肉を食べた後に、どこに行きましたか？」

証　人 「ラーメン屋に向かいました」

弁護士 「何というラーメン屋ですか？」

証　人 「ラーメン二郎というお店に行きました」

弁護士 「焼肉を食べた後にラーメン二郎に行ったと。ラーメン二郎では何を頼みましたか？」

証　人 「小豚を頼みました」

弁護士 「トッピングはしませんでしたか？」

証　人 「野菜を頼みました」

　といったような会話のキャッチボールを弁護士と証人で行っていきます。それを裁判所の速記官が記録に残して証人尋問調書が作成されます。そして最終的に裁判官が判決を下すときにこのやりとりも１つの証拠として事実認定を行うのです。そういった意味では、証人の回答は非常に重要になってきます。弁護士は、目の前の証人から、自分の依頼者にとって有利な事情として扱われる証言を引き出すか、作戦を練って質問を投げかけていくのです。

　弁護士からの証人に対する質問は、その場の思いつきで行っているわけではないのです。質問の順番や、証人の表情や態度や性格にも配慮しながら１つずつ丁寧に質問を積み重ねていくのです。「こういった証言を引き出すんだ」という獲得目標を設定して、その獲得目標を上手に引き出すための質問を組み立てて、順序よく質問を積み重ねていくのです。

　その際にとても神経を使うのが質問の仕方です。どのような

聞き方をすれば、どのような回答が引き出されやすいかを、その場の雰囲気や証人の表情やそれまでのやりとり等多くの事柄を踏まえて考えながら、質問を繰り広げていくわけです。

　先ほどの例で質問の仕方を変えてみます。

弁護士　「あなたは焼肉を食べた後に、ラーメン屋に向かいましたね」
証　人　「はい」
弁護士　「ラーメン二郎ですか？」
証　人　「はい」
弁護士　「焼肉を食べた後にラーメン二郎に行ったと。ラーメン二郎では小豚を頼みましたか？」
証　人　「はい」
弁護士　「野菜もトッピングしましたか？」
証　人　「はい」

　これは誘導尋問の例です。相手が「はい」か「いいえ」しか答えられないようにして、こちらのストーリーに乗せて話を展開していきます。いわば証人に一定の回答を暗示してしまい、そちらの方向に回答を促すための方法です。

　上記の例の場合には、「焼肉を食べた後にラーメン二郎に行った」ということが前提になってしまっていますし、「ラーメン二郎では小豚を頼んで野菜のトッピングをしたこと」が前提になってしまっています。

裁判の場合、誘導尋問で引き出した証言内容は、証拠としての価値が低いと考えられていますし、一定の場合には制限されるので、いつでも使えるというわけではありませんが、交渉の場合にはそのようなルールはありませんので、誘導尋問の手法を用いながら、こちらの思うような話に誘導していくことも可能になります。

　このような質問の仕方をあれこれと用いながら、できるだけ自分の欲しい回答を引き出していく。その前提としては、同じことを尋ねても質問の仕方によって回答の内容が変わってくるということがあります。何を聞くかよりも、どう聞くのかが大切な場合があるのです。交渉の場面でもこういったテクニックを使うことによって、少しでも有利に会話を展開していくように工夫することで、いつの間にか相手にこちらの望む回答をさせてしまうことも可能になります。

　先ほどの例は、ラーメン二郎の話なのでわかりづらいかもしれませんが、以下の例ではどうでしょうか。

質問者　「お支払いは現金でよろしいですね？」
回答者　「はい」
質問者　「支払期限は来月末でいいですね？」
回答者　「いいえ」
質問者　「再来月ですね？」

　回答者は、「分割で支払いたい」と考えていても、質問者の質問は「現金一括」を前提としてしまっているので、分割の話

が出てきません。

質問者 「お支払いはどうしますか？」
回答者 「現金でお願いします」
質問者 「お支払方法はどうしますか？」
回答者 「できれば10回くらいの分割で……」

　回答者がどうしても分割での支払いを望めば、最初の例でも分割の話は出てきますが、回答者が「頑張れば一括でも支払えるけど、できれば分割で支払いたい」といった気持ちに迷いがあるような場合には、誘導尋問を用いて分割の話が出てくる余地をなくしてしまい、質問者の希望する一括での支払いを前提とした話のペースに回答者を乗せてしまうことが可能になります。

質問の仕方に工夫しながら少しでも有利に交渉を進める

　といった姿勢をもつことが大切です。

[質問の方法による回答結果]

Q　食べる？ 食べない？

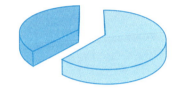

食べない
38%

食べる
62%

Q　食べない？ 食べる？

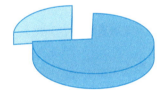

食べる
26%

食べない
74%

〔アンビシャス総合法律事務所調べ〕

27.

表現

ストーリーで語ろう

交渉に際して相手にどのような情報を与えていますか？

　かりに、あなたが断片的な情報の羅列や、情報の小出しをしているのであれば、それだけでは十分ではありません。人間は感情の生き物です。判断を形成するのは、状況と情報に基づいた感情的な判断です。最終的には感情がものをいいます。要は気持ちが大切なのです。気持ちは心情や感情に揺さぶられます。だから、相手の心情に訴えかけるような、相手の感情を揺さぶるような、そのような表現や話の展開を考えながら交渉を進める必要があります。

相手の心情に訴えかける、相手の感情を揺さぶるためには？

　相手の心情に訴えかけたり、相手の感情を揺さぶったりするためには、ストーリーで情報を提供するのがベストです。語るべきストーリーがある交渉のほうが、相手の説得は容易になります。また、ストーリーを語ることができるということは、それだけ交渉の素材である事実関係について十分に理解していることの現れともいえます。事実関係を十分に理解していない場合には、相手に伝えられる情報もどうしても断片的な情報にな

ってしまいがちだからです。

「腹に落ちる」ストーリーを提供しよう。

　「腹に落ちる」という表現があります。「なるほどそうだ」、「確かに間違いない」、「まったくもってもっともだ」と心底納得するさまを「腹に落ちる」といいます。人間は、断片的な情報を提供されるよりも、ストーリーで展開されたほうが腹に落ちやすく、納得しやすいのです。ストーリーで語られたほうが深く感情移入することができ、気持ちも固まりやすいからだと思います。

　実は紛争の最終局面である裁判の場合でも同じことがいえます。当事者の請求の内容がどのようなストーリーで成り立っているのか？　そのストーリーは信用できるものなのか？　そのストーリーは合理的なもので無理がないものなのか？　裁判の場合も、これらの観点から裁判官にこちら側のストーリーを伝えて、裁判官の気持ちを揺り動かすことをめざしています。裁判官だって人間です。人間である以上は、感情もあれば心情もあります。だからこそ裁判官の心に狙いを定めて、裁判官の心を揺さぶるようなストーリーを情熱をもって主張していくのです。

どのようなストーリーを組み立てるのか？

　ストーリーなら何でもよいのか？　というとそんなことはありません。やみくもにストーリーを用意すればよいというわけではないのです。ストーリーの組立てが大切です。誤解をおそ

122

れずにいうと、相手が譲歩しやすい情報でストーリーを組立ててください。相手が譲歩しづらいような情報でストーリーを組み立ててはいけません。そして、相手が譲歩しやすい情報でストーリーを組み立てるためには、まずは「相手の立場になって」考えることが必要です。相手の立場であれば、どのような話をされると感情が揺さぶられるのか？ どのような話をされると感動するのか？ どのような話であれば心が動かされるのか？ こういったことを自分自身の想像力を駆使して考えることがスタートになります。

　私の場合、刑事事件の示談交渉で、よくこの方法を使います。刑事事件の示談交渉は被害者の納得を獲得するためのプロセスです。どんな刑事事件にもドラマがあります。検察官の集めた記録では語られていない人生模様や人間模様があります。犯罪をせざるを得なかった不幸な生い立ちや、良心の葛藤があります。目的は20万円の謝罪金を支払って、被害申告を取り下げてもらって、事件を起訴されないようにすることだったり、起訴された後であれば、少しでも軽い刑にしてもらうためだったりするのですが、まずは、謝罪から始まり、次に、事件の背景事情を十分に説明するようにしています。刑事事件の被害者は、どうして自分が被害者になってしまったのか？ 加害者はどのような人間なのか？ 加害者は今後どのような処罰を受けるのか？ といったことに興味があります。そこで、加害者の生い立ちや、当時の心境や、今後のことを丁寧に話していくように心がけています。そのように心がけてから、自然と被害者も「腹に落ちて」納得してくれる場面が増えたように思います。

ストーリーは感情を込めて語ろう。

　そして、そのストーリーを話す前に、自分が相手だったら、納得できるストーリーかどうかを十分に検証する必要があります。いかに一所懸命に語っても、相手からみて「それはおたくの事情でしょ」と言われてソッポを向かれてしまっては、全く意味がありません。そんなストーリーであれば語らないほうがましです。語るべきストーリーが独りよがりのものであれば意味がありません。ストーリーを用意する際には、相手の立場に立って何度も何度も考えてみるということが大切になります。自分自身が相手の立場であれば、そのストーリーに感情移入できるのかを、冷静な頭で考えてください。

　さらに、ストーリーを語る際には、ありったけの感情を込めて語ってください。情熱をもってストーリーを語るのです。「話をするのは苦手だ」といった声が聞こえてきそうですが、何かを伝えるのに上手に話をする必要はありません。気持ちを込めて話をすれば、相手は必ずわかってくれます。大事なのは気持ちを込めた言葉を語ることなのです。私自身も口下手ですし、言葉が多いほうではありません。でも、その分、いつも一所懸命話すことを心がけています。決して縦板に水のように上手に話をする必要はありません。うまく話ができるに越したことはありませんが、それがすべてではありません。繰り返しになりますが、うまく話をする必要はありません。大切なのは、どれだけ気持ちを込めて話ができるかなのです。気持ちを込めてストーリーを語れば、少しでも相手の心を動かすことができるのです。

[ストーリーのほうが説得には効果的]

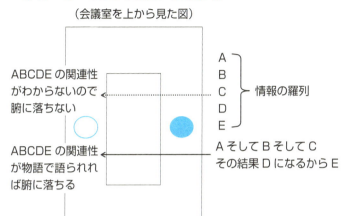

28.

表現

語りすぎは墓穴を掘り、語り足らずは追い込まれる

語りすぎると墓穴を掘る。

　一所懸命話をするとお話しました。でも話すぎには注意してください。語りすぎると必ず墓穴を掘ります。交渉はポーカーと同じです。いかに自分の手の内を見せずに相手の手の内を探るか、それが交渉の優劣を決します。相手の手の内を探る。相手の手の内を推測する。そして、いかに自分の最終ラインに近づけていくか。そのような姿勢が大切です。

逆に語り足らずは追い込まれます。

　逆に、語り足らずの場合には追い込まれます。相手に判断の材料を与えなければ、相手も判断のしようがありません。交渉の進捗状況に応じて適度な情報を提供するように心がける必要があります。

　私は、新人弁護士時代に先輩弁護士から「沈黙は金だ」という話を聞いて、謝罪の交渉の時に、ひたすら話を聞いていたことがありました。相手に語らせるだけ語らせて、ガス抜きをし

たうえで、条件交渉に入ろうと考えていたからですが、当時の私は加減がわからずに、ただダンマリを決め込んでいました。相手から「どう思っているんだ？」と言われるたびに「いえいえ、まずはおっしゃられたいことをおっしゃってください」などと受け流していたのですが、あまりにダンマリを決め込んでいたので、途中で相手から「何のために座ってんだ！　コラ！置物じゃないんだぞ！」と怒鳴られてしまった苦い経験があります。当然、その後も感情のしこりを取り除くために、よけいな時間と労力をとられてしまいました。

　語り足らずになってしまったり、語らなすぎになってしまうと、謝罪の交渉の場合にはかえって逆の効果になってしまうことがあるのです。

適度といってもどれくらいなのか？

　適度や普通という表現は相対的な概念です。人それぞれ違います。これが普通だというのはあくまでその人の感じる普通なのであって、他の人にとっては普通ではなかったりします。ですので、画一的な概念ではありません。

　でも、ひとつだけはっきりしているのは、どちらかといえば、語りすぎよりは、語り足らずのほうが望ましいということです。交渉は、あの手この手を駆使して、相手の事情や相手の腹の底を探りながら落とし所を探るためのプロセスですから、こちらが情報を伝える以上に、相手から情報を引き出すことに主眼をおくべきだからです。

29.

表現
理由をつけてあげよう！

人間は何かと理由を欲します。

　理由があると安心できるからだと思います。人間は誰しも自分の判断に100%の自信があるわけではありません。自信がないにもかかわらず判断しなければならない局面のほうが多いのです。

　たとえば、遅刻したときに、言い訳を耳にすることはないでしょうか？　たいていの人は「すみません」の後に、「いやあ、電車が遅れちゃってとか……」などと言い訳めいた説明をします。こちらが何も聞いていないにもかかわらず、理由を述べようとする場合も少なくありません。

物を買った後に後悔しませんか？

　物を買った途端に人は後悔しがちなのです。「これは本当に必要だったのだろうか」、「もっと安い物もあったんじゃないか」などと、物を手にした途端に、後悔の材料が湧き水のように出てくることがあります。そのような場合でも、人間は自分の選択に理由をつけることができれば、妙に納得することができるのです。「この素材はここしかない」、「サイズがぴったり

だった」、「この色はここでしか買えない」、「良い選択だったんだ」ということです。

突然、彼女にふられたら？

　彼女から突然別れ話をされます。「もうつき合いを続けることはできない」と言われたりします。その際に、まずは「どうして？」、「何で突然そんなことを言うの？」と理由を探します。理由を聞かずに、「ああ、そうですか」とあっさり別れられることのほうが珍しいと思います。このような場面でも人間は理由を探すのです。理由を探して何をするかというと、自分自身を納得させるためなのです。人間は納得できなければ、その事柄を乗り越えて、先に進むことができないのです。

これらの話は交渉においてもあてはまります。

　交渉の相手が譲歩しやすいような理由をたくさん提供してあげるようにしてください。前に感情を込めてストーリーを語るべきだと説明したのも、これと同じ理由です。「譲歩しやすいような理由をどう探せばよいか？」については、相手の立場に立って考えることで答えがみえてきます。相手だったらどういう理由があれば、譲歩を検討するかがみえてくると思います。大切なのは、相手の立場に立って考えること。交渉はとにかくこれに尽きると思います。相手の立場に立って考えられなければ、交渉はうまくいきません。妥協点を探りながら、お互いが納得できる妥協点で話をまとめていくのです。そのためには、相手の立場に立って考えてみる必要があります。そうしなけれ

ば、相手の妥協点に迫ることができないからです。

大義を語る。正義を語る。

　理由をつけてあげることが大切だと話しました。つけてあげる「理由」の内容として望ましいのは、「大義」や「正義」です。よく大義名分などといいますが、人間は、何か大上段の言い訳があれば、それに沿った行動をとりたがります。国のため、会社のため、家族のためなど目先の利益よりも、そういった道徳的な価値観を重視する傾向にあります。日本人は特にそのような傾向が強いといわれています。だからこそ「大義」や「正義」を語ることは、相手の譲歩を引き出して、交渉の着地点を探るための重要な武器になるのです。

　相手の立場に立って、相手が譲歩しやすい理由をつける。そして、その理由はできるだけ、大上段に立った価値にする。たとえば、「これは憲法の定める平等権に反します」とか、「日本では昔からこういう考え方をしていました」とか、「お互いの先代の時は○○な状況でしたよね」とか、そこまで大上段でなくても、「社内の規定上、このような内容での合意はできません」とか、「コンプライアンス上問題があって、できるのはこのあたりまでなのです」とかも効果的なキーフレーズです。

[理由をつけてあげる]
（会議室を上から見た図）

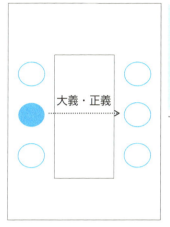

人間は理性的な生き物である
↓
決断する時には理由が欲しい
↓
理由をつけてあげる
↓
理由はできるだけ大上段の
ほうが望ましい

報告

決定権者

30.

表現
方言や数字を使おう

「方言を使う」ことで交渉をスムーズに進めることができる場合があります。

事前に相手の故郷や出身地を知ることができれば、そこをくすぐるのもひとつの方法です。さりげなくその話題を振って、距離を縮めるのです。

ホームページやブログで自分の出身地や役員の経歴を公表している場合があります。相手のことをよく知る、あるいは知ろうとするというのが、相手の立場と気持ちを考えた交渉をするための第一歩です。そこからいろいろな突破口が広がることがあります。可能な範囲で情報を収集して交渉にのぞむようにしてください。できればその土地出身の人に話を聞いておいて、足を運んだ人しかわからないような情報を仕入れておけるとベストです。

事前に情報がなくても諦めないでください。冒頭の自己紹介の際に、そのような話ができる雰囲気だったら、さりげなく故郷を聞いてみるようにしてください。たとえば、「奥山さんって、山形出身じゃないですか？」、「いや違います」、「実は僕の大学の友人で奥山って奴がいて、そいつは山形出身だったんです。奥山という名前は山形に多いと聞いたものですから……」、

「あれ？ そうなんですか？ 父親の先祖は山形と聞きましたが、僕自身は札幌なのです……」といったような流れでさりげなく相手からこちらの欲しい情報を引き出すことも可能になります。人は自分の身のまわりや属性に関する話題を好む傾向があります。無駄話の中から解決の糸口がみえることが多々あるのです。まずは心の距離を縮めていきましょう。

　また、都会での交渉の際には、方言を使うと、「人のよさ」や「人なつっこさ」を醸し出すことができます。方言から連想するのは田舎です。田舎から連想するのは「人のよさ」や「人なつっこさ」や「純心さ」や「愚直さ」や「誠実さ」や「実直さ」です。そのイメージを利用しましょう。故郷がある人にとっては効果的です。

　幸いなことに、方言やなまりを使っても失礼になることはありません。標準語を使って、冷静・冷徹な印象を与えてしまうよりも、温かみのある言葉で率直な人柄を出して話合いを進めてください。

数字を使うことも考えてください。

　交渉の会話や、相手に提示する資料には、数字やデータを使うことも効果的です。

　数字やデータを使うと、途端に主張の説得力が増すものです。ですので、契約締結に向けての交渉で数字やデータを示すことができる場面では、数字やデータの効果的な活用を検討するべきです。

逆に、相手から出てきた、数字やデータは慎重に確認をする必要があります。確認の方法にはコツがあります。時間がかかっても、１つひとつの数字やデータの根拠を聞いていくことです。全体的にもっともらしい資料でも、１つひとつを分解していくと、大した内容ではなかったりしますし、その過程で馬脚を現すようなことも多々あります。

[方言や数字を使おう]

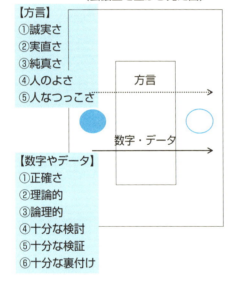

31.

表現

沈黙を使おう！

効果的に沈黙を使うことを意識してください。

　沈黙を使うというのはどういうことでしょうか？ 意識的に会話の中で、間（ま）をつくって、余韻を残すということです。その間（ま）の中で、相手に考えてもらう。そのための時間をつくるということです。そういったことを意識的に行うことで、相手に考えてもらうための空気感を醸し出すわけです。間（ま）をつくって沈黙の空間をつくるのは、相手に考えてもらうための時間をつくるためです。

　たとえば「このままいつまでも話し合いを継続するよりも、早期に解決したほうがお互いにとってよいのではないでしょうか？ このまま話し合いを継続してまとまらなければ、当社としても裁判を起こさなければなりません。そうすると、お互いに時間がかかりますし、弁護士を探さなければなりませんし、余分な費用もかかります。弁護士に費用を払うとすれば、トータルでも数百万円もかかってしまう可能性もあります。それに比べて今ここで結論を出してもらえれば……解決まであと一歩ですが、どう思いますか？」などと投げかけるだけ投げかけておいて、その後は発言をしないようにします。

　沈黙ができれば、相手は考えます。どちらかが会話の口火を

表現

31 沈黙を使おう！

135

切るまでは沈黙が続くわけです。ここで相手も黙ったからといって、こちらからベラベラと話し出したのでは意味がありません。沈黙は解決に近づくために必要な間（ま）ですので、相手が口を開くまで、ただひたすら待つのが、交渉における正しい姿勢です。辛抱強さと根気強さが必要とされる場面です。

相手に考えてもらう。

いくら長い間沈黙が続いたとしても、こちらからは答えを示してはいけません。また、いったん沈黙に入った場合には、こちらからはヒントも出してはいけません。あくまで相手に考えてもらい、相手に自分自身で答えを導いてもらうことが必要なのです。

人間には物ごとを自分で判断して決定したいという気持ちがあります。本質的には、他人から指図されることなく、自分が決定することを望む生き物なのです。人から決められたり、人から押しつけられたりしたことには従えない人でも、自分で決めたことには従わざるを得ません。人が決めたことと、自分が考えて導き出した結論が同じであったとしても、それでも自分で決めたことに従いたいのです。ですので、交渉でもお互いの譲歩に至る前のさまざまな段階で、相手に考えてもらうための時間を設定するように、会話を進めていく必要があります。

沈黙をつくるには、質問をするのが効果的です。

たとえば「かりに、このまま交渉がまとまらなくなったらど

うなりますか？」と相手に問いかけてみると沈黙をつくること
ができます。

　これは、弁護士が証人尋問でよく使う方法です。証人が考え
ることなく自分の記憶や認識ですぐに答えられる周辺部分の質
問を続けていきます。質問のやりとりがテンポよく進んでいき
ます。そのうえで、考えないと答えが出ないような、ハッとす
るような質問を投げかけて、証人や裁判官や相手側の弁護士に
考えてもらうのです。

32.

（表現）

ダメなふりや馬鹿なふり

ダメなふりや馬鹿なふりが効果的な場合があります。

　これは相手に優越感を与えて譲歩を引き出すためのテクニックです。

　この方法には注意点があります。まず、謝罪の交渉ではダメなふりや馬鹿なふりはやめてください。明らかに逆効果になります。「こいつ、こんな深刻な場面で、馬鹿にしているのか？」、「ふざけているのか？」とかえって相手の感情を逆なでしてしまう可能性が高いのです。ですので、謝罪の交渉ではダメなふりや馬鹿なふりは使えません。誠実に、かつ真摯な態度で話し合いを進めることが必要です。

　次に、お互いに信頼関係を築いたうえで、将来継続的に取引を進めていくために行う交渉の場面でも、ダメなふりや馬鹿なふりはやめてください。ダメな相手や馬鹿な相手と将来取引を行っていこうと思うことはないからです。「これはダメだな」、「こんな相手と取引をしていたら絶対にうまくいくはずがないな」と思われて断られてしまうのが関の山です。このような場面では馬鹿なふりやダメなふりをしても、相手が心配になって取引が始まることはないでしょう。

ですが、それ以外の単発の交渉の場合には、一定の効果を狙うことができます。

　人間は無意識のうちに目の前の人間と自分を比較しようとします。そのうえで自分が相手よりすぐれている点を探そうとしがちなのです。自分のほうが相手より少しでもすぐれていたり、勝っていたりするところをみつけることができれば、それで何となく安心して、精神的にも落ち着き、安心感を得るのです。意識的にそのように行動する人もいれば、無意識のうちに日々そのような行動をしている人もいるのです。

　そこで、交渉の場面で、自分や自分たちがダメなふりや馬鹿なふりをすることによって、相手に優越感をもってもらいます。目標とするのは、「こんなダメな奴で大丈夫なのかな？　ある程度考えてやらないと上司に怒られるんだろうな……」、「可哀そうだから、何とかしてやるか……」と思ってくれるようなレベルです。相手にそのように思ってもらえるように、馬鹿なふりやダメなふりを繰り返します。ただ、愛嬌がなければ意味がありません。愛嬌たっぷりにふるまう中で、適度な馬鹿さ加減やダメさ加減を醸し出していくといったイメージです。愛嬌がなければ嫌われて、「馬鹿だな」、「ダメだな」と思われて終わってしまうからです。

　繰り返しになりますが、人は誰しも無意識のうちに人より優位に立ちたいという感情をもっています。相手に同情することによって、人よりも優位に立てる場面があります。交渉の場面でも、このことを意識しながら話し合いを進めていくことが効

果的なのです。

ダメなふりや馬鹿なふりをして役割を演じるのは姑息ではないか？

　ダメなふりや馬鹿なふりをするというのが姑息な感じがして嫌だと思う人もいると思います。あるいは、交渉のためとはいえ、相手から「ダメな奴だ」とか「馬鹿な奴だ」と思われるのは自分のプライドが許さないと感じる人もいると思います。

　そのような人には良い方法があります。本当にダメだったり、馬鹿だったりする部下を使って交渉を進めるという方法です。チームで交渉が行われる場合には、役割分担が重要になります。その役割分担の中に、人あたりがよかったり、愛嬌だけはたっぷりもっていたり、人に好かれやすいけれど、それでも少しどこかが抜けているような部下を入れて交渉にのぞむのです。どうでしょうか？　身近なところにそのような部下はいませんか？

　実はそのような部下は交渉の場面で大活躍する可能性があります。いわば、交渉の最終兵器になる可能性があるわけです。そして、そのような部下も交渉にのぞんで経験を重ねて自信をつけていけば、ひょっとすると将来大活躍するようなネゴシエーターに変身する可能性もあります。

　ダメなふりや馬鹿なふりだけではなく、ダメな部下や馬鹿な部下をも有効に活用しながら交渉を進めていく、そういった姿勢が大切です。

140

33. 駆け引き メリットを与えよう

「期限の利益」という言葉をご存知でしょうか？

　期限の利益というのは、債務者に一定の期限を与えることで、債務者に与えられる利益のことです。債務者に与えられる一定の期限＝（イコール）債務者にとっての利益ということです。

　たとえば、誰かから100万円を借りたとします。100万円を貸した側が債権者、100万円を借りた側が債務者です。本来、借りたお金は借りたと同時にすぐに返さなければなりません。でも、お金を借りたのは、債務者に何かお金を必要とする理由があったからでしょうし、債務者がすぐにお金を返せるのであれば、そもそもお金を借りる必要もありません。だから、お金を貸す際には、通常、期限や分割払いの約束をします。たとえば、「毎月月末に10万円ずつを分割して10回に分けて支払う。10カ月後に100万円を支払い終える。でも1回でも分割の支払いの約束が守れなければ残額を一括して支払う」といった内容になります。

　このように返済が完了するのを10カ月待ってもらうという「利益」を「期限の利益」といいます。

　相手の立場に立って考えた場合、交渉によって何らかの利益

が欲しいはずです。だから交渉の中で、相手にメリットを提示していくのです。

どのようにして、どのようなメリットを提示するのか？

ここは以下のケースを使って具体的に説明します。

---〈ケース〉---

客観的状況：Y社はX社に500万円の支払義務がある。

X社の主張：500万円を今年の12月末までに支払ってほしい。

Y社の主張：300万円であれば今年の8月末に支払える。

Y社の譲歩：500万円になるのであれば6年かければ支払える。

この場合、300万円か500万円か金額的には大きな開きがあるように思えます。当事者の主張の間には200万円もの開きがあります。金額だけに注目すればそうみえますが、実際はそうではありません。交渉はあと一歩のところまで到達しています。

この状況で確認すべきことは、X社が、①金額にこだわるのか、②早期の支払いを望むのかです。

Y社としては①の場合には、分割でなければ支払えないこと、支払いたくても支払えないことを説明します。

ただ、その場合には、時間がかかることによるリスクを受け

入れてもらうしかありません。企業の平均寿命は30年といわれます。6年間もあれば何があるかわかりません。将来のことはわからないのです。今の状況を前提にすれば、6年間かければ500万円を支払えるかもしれませんが、2年後、3年後のことは正直いってわかりません。大口の取引先が倒産するかもしれないし、不祥事が起きてＹ社の商品が全く売れなくなるかもしれないし、Ｙ社だってどうなるかわからないのです。そう考えると多少割り引いても早期に回収することにはメリットがあります。

　②の場合には、Ｙ社としては上記の時間がかかることのリスクを前面に出して、説明をしていきます。300万円であれば8月に支払えるのです。なぜなら、すでに売掛金があって、8月中旬には200万円の入金が見込めます。しかも、その取引の相手は一部上場企業で……などと説明します。場合によっては、契約書や請求書の写しを提示してもよいと思います。そのようにして、「時間」と「確実性」というメリットを提示していくのです。それでもＸ社が応じない場合には、金額を増額したり、期限を短くしたりと条件を緩和していきます。

　相手の意向を確認して、メリットを与えていくことが重要です。

　そのような話し合いを進めても着地点がみえない場合には、折衷案です。たとえば、金額は400万円でもいい。でも支払方法は、12月末日に200万円を支払って、残りは分割にしてほしいといった折衷案を提示していくのです。

143

メリットは架空のものでもいい。

　ここで覚えておいていただきたいのは、メリットは架空のものでもいいということです。Ｙ社の担当者は、「通常、このようなケースでは、300万円も支払うことはなかった。でも、今回は特別にこのような解決を提案しています」といった話をするわけです。本当に、通常どうだったかはあまり重要ではありません。人は「自分だけ特別」という言葉に弱いのです。そういった架空のメリットでもよいので提案していくことが解決を早めるのです。

　Ｘ社の立場に立って考えてみてください。必ず、「うちだけ特別扱いしてくれるなら……」と考えるはずです。悪い気はしないと思います。ですが、実際には、特別扱いされているかどうかはわからないのです。それでも一定のメリットを示されると何となく心が傾いていくわけです。

◆民法136条（期限の利益及びその放棄）
　1　期限は、債務者の利益のために定めたものと推定する。
　2　期限の利益は、放棄することができる。ただし、これによって相手の利益を害することはできない。

34.

駆け引き
メリットをもらおう

相手にメリットだけを与えても意味がありません。

お互いにメリットを分け合う必要があります。
だからこちら側もメリットをもらうのです。

先ほどのケースで説明しましょう。

―――――〈ケース〉―――――

客観的状況：Y社はX社に500万円の支払義務がある。

X社の主張：500万円を今年の12月末までに支払ってほしい。

Y社の主張：300万円であれば今年の8月末に支払える。

Y社の譲歩：500万円になるのであれば6年かければ支払える。

　Y社のメリットとすれば、①金額が下がればメリットですし、②かりに金額があがらなくても期限が延びればメリットになります。①はわかりやすいと思いますが、②はわかりづらいかもしれませんので考え方を説明します。

　Y社はX社に500万円の支払義務を負っています。これは、

本来すぐに返さなければなりません。Ｙ社はＸ社にお金を借り
た状態になっているわけです。お金を貸した人は、お金を借り
た人から利息をとることができます。お金を貸した人は、お金
を貸さなければそのお金を他のことに使うことができたのです
が、お金を貸したばかりにそれができなくなっています。逆に、
お金を借りた人は、お金を使うことができるようになったので
すから、メリットを受けています。だから、お金の使用の対価
として利息を支払わなければならないのです。

　もっとも、お金をすぐに返さなければならない状態は、法律
的には、「期限が到来している」ということになるので、使用
することはできません。だから、使用の対価としての利息を支
払う関係にはありません。返済期が到来した場合には、使用料
としての利息が発生する余地はなくなり、「遅延損害金」とい
う名目に変わっていきます。Ｙ社はＸ社に対して支払いを完了
するまでは、遅延損害金を支払わなければならない状態にある
のです。

　企業間の取引における遅延損害金の利率は、当事者間に特別
の約束がなければ、年利６％とされています（商法514条）。そ
うすると、支払期限が延びれば延びるほど、Ｙ社には利得が発
生していきます。１年間延びれば６％の利得が発生することに
なるのです。500万円の６％と考えると、30万円です。Ｙ社は
１年間支払いを延ばせば30万円の利得が生じますし、かりに５
年間支払いを延ばすことができれば、150万円も得することに
なるのです。それだけ、期限を延ばしてもらうということは大
きなメリットになるのです。

そのような発想で考えると、かりに金額を下げることができ
なくても、Ｙ社は時間と本来支払うべき利息分といったメリッ
トを得ることが可能になります。そのあたりも交渉において意
識しておくべきことのひとつです。

◆商法514条（商事法定利率）
　商行為によって生じた債務に関しては、法定利率は、年６分とす
る。

駆け引き

34　メリットをもらおう

35.

駆け引き

損したふりして得をする

　交渉の場で「いやあ、もうこれ以上価格を下げられたら赤字ですわ……堪忍してください」、「これが当社の限界です。上司に会わせる顔がありませんよ……」、「出血大サービスです。これが限界です」などといった言葉が使われることがあります。

この言葉を聞いてどのように考えますか？

　「いやいや、そんなことはあり得ない」と考える人もいれば、「なるほど……相手も大変なのかな」と考える人もいると思います。感じ方は人それぞれだと思います。でも、このような言葉が出た時に相手は損していません。そう言いきることができます。

　相手の立場になって考えてみるとわかります。本当に限界を超えれば交渉決裂です。限界ぎりぎりで何も得しないのであれば取引を行わないほうがよいのです。ですからこのような言葉が出た段階では、まだ「損したふり」にすぎないのです。

　ですから、このような言葉が出たときには、あともうひと押しと考える必要があります。もちろん本当に限界の場合もありますが、本当の限界はもう一歩先にある場合がほとんどである

と考えてください。

逆に損したふりをして得をとるという考え方が大切です。

　逆に損したふりをして得をとるという考え方もあります。こちらが損したふりをすると相手は精神的に満足します。相手に精神的な「満足」というメリットを与えている状態になります。交渉はお互いに譲歩しながら妥協点を探るためのプロセスですが、最後には互いが納得して、交渉を成立させたいものです。相手に「良い交渉ができたな。頑張ったな」、「よくここまでやったな」と感じてもらえれば交渉は成功です。

　そのためには、相手にメリットをもたせることが必要になります。そしてこのメリットは、必ずしも経済的なメリットや条件的なメリットである必要はありません。精神的なメリットでもよいのです。

　この精神的なメリットは架空のものです。ですので、こちら側の話し方や態度1つで相手に提供することができるものです。会話の中で、「損したふり」をするわけです。先ほどのようなセリフを交渉の場面でもっともらしく伝えるわけです。

　そして、ここで大切なのは、損した「ふり」というところです。本当に損をする必要はありません。

　本心は違ってもよいのです。本心は、「いやあ、これくらい

でまとまってよかった」と思っていてもいいので、損したふりをして、相手に精神的な満足を与えるわけです。

　本当は得をしていても相手に損したふりを示すことで、相手に「満足」という利益を与えることができますし、相手に交渉の成果と達成感を与えることができるので、交渉を大成功に終わらせることができるのです。

第2章 交渉の場面で

36.

駆け引き
言質をとられたら？

　交渉の場面で、「この間言ったことと違うでしょ！」、「この間、確かに約束をしましたよね？」、「この間は○○と言ってましたよね」、「この間は○○と聞きました。私のメモにも残っています」と言われることがあります。

このような場合にどのように切り替えしますか？

　いろいろな対応があり得るところですが、基本的には、「いやいや、この間とは場面と状況が違います」とか、「そのように言った意味には条件が付いていましたよ」といった話で切り返していくのがベターです。

　交渉にかかわる当事者の状況は、時間の経過とともに刻々と変化します。これはこちら側も相手側も同じなのです。だから、状況が違えば答えも違ってきます。前回の話が今回も通用するわけではありません。最終的に交渉結果が確定するまでは、回答だって変動的になっても問題ないと考えてください。

　よくないのは、「前回こう言いましたよね？」と聞かれて、「あれ？　そんなこと言ったかな……言ったかもしれないな……」と不安に感じてしまうことです。場合によっては変な汗が出てきて、対応もしどろもどろになってしまいます。言って

151

いない場合には、言っていないとはっきり説明できるようにしておくことが重要です。

　人間は、「この間このように言いましたよね？」と誘導されると、途端に自信がなくなってしまいます。人間の記憶はあいまいです。記憶力に絶対の自信をもっている人でも、「この間こう言いましたよね？」といった質問には弱いのです。揺さぶられます。

　このような事態が生じて動じないようにするためには、まずは交渉のやりとりをしっかりと記録として残すという習慣をつけることです。普段からそのような意識でメモをとっていれば、いざ相手から揺さぶられても、「自分のメモには書いていない。自分は日ごろから意識的にメモをとっている。メモに書いていない以上はそのようなやりとりはなかったんだ」と自分の拠り所になります。

　そして、記録に残っていることがすべてだと考えて、それ以外のやりとりはなかったときっぱりと考えるわけです。そのためには、毎回の交渉の前に、前回のメモをしっかりと見直しておくことも重要です。そしてメモに記載されていないことは言っていないのと同じということで、きっぱりと拒絶するという確固たる方針をもつことが必要です。

「私のメモにはこう書いてますよ！」「こちらの記録と違います」

　それでも、まれに「私のメモにはこう書いてありますよ！」とか、「当行の記録ではこう記録が残っています」と言われることがあります。

　その場合でも、自分のメモを確認してください。そのような発言が書いてなければ、「私のメモには書いていない。何かを誤解されたのではないか」ときっぱりと言いきってください。多少自信がなくてもきっぱりと言いきることが大切です。もし自分のメモに記録が残っていたら、最初の「いやいや、この間とは場面と状況が違いますよ」とか、「そのように言った意味には条件があります」という切り返しをするという対応をしていけば問題ありません。

37.

駆け引き

相手がされて嫌がる
ことを探る

　繰り返しになりますが、相手の立場になって考え続けるというのが交渉の基本です。交渉の過程を通じて、相手が望むことを探って、そこに近づけようと努力をしていくわけですが、その過程で、「相手がされて嫌がること」を考えることも重要です。

　交渉にはどうしても駆け引きがつきものです。交渉は心理戦です。ときには相手が嫌がることをしながら、お互いが納得できるラインまで条件をすり合わせていくことも必要になります。

まずは相手が何を求めているのか？

　それを想像していきます。相手が求めていると思われることはいろいろと思いつくと思います。

　①　お金なのか
　②　時間なのか
　③　名誉なのか　等

　そのあたりを想像しながら、相手が求めていることを探っていきます。相手の発言内容だけではなく、相手がおかれている

状況、相手の態度など、周辺部分にも相手が本当に求めていることを探るヒントがあるので、できる限り相手の情報を集めながら、相手の考えていることを探っていくわけです。

次に相手が嫌がることは何か？

　それを想像していきます。相手が嫌がると思われることもいろいろと思いつくと思います。

① 支払いを受けるお金を減らされることか
　支払うお金を増やされることか
② 時間を費やさせられることか
　締め切りまでの時間を無駄にされることか
③ 面子を潰されることか
　名誉を汚されることか　等

　それらを想像して交渉の中では、「相手が嫌だと思うだろうな」と考える方向に話し合いを進めていくわけです。あくまで最初は想像です。実際には相手が嫌がらないかもしれません。その場合にはすぐに他の嫌がることを想像して、それを活用していきます。あの手この手を使って想像力を駆使しながら相手の真意を探っていくのです。

155

38.

駆け引き
ほめる・おだてる

　交渉は心理的な要素が強いので、ほめたり、おだてたりすることが効を奏する場合があります。

　ですから、いろいろな手を使って相手をその気にさせていくことも大切です。ほめたり、おだてたりすると、ほめられたり、おだてられたりした人は気分がよくなります。ほめられたり、おだてられたりして、嫌な思いをする人はいません。

　もちろん、あまりに露骨にほめたり、おだてたりしても逆効果ですし、深刻な交渉の場合にはほめたり、おだてたりすること自体がふさわしくない場合もあります。ですが、あくまで状況に応じて適度にほめたり、おだてたりを散りばめていくことは効果的な場合が多いと思います。

ほめたり、おだてたりする内容は、その場の雰囲気をみて考えていきます。

　交渉の内容にもよりますが、ビジネスの場面での交渉の場合には、「あれ？　今日のネクタイは素敵ですね」とか、「いつもしっかりとした資料をご用意されていますね」とか、「先日御社のCMを拝見しました。あのCMはセンスがよいですね」とか、「御社の○○をいつも食べています。子どもが好きでし

て……」とかいろいろと考えられます。特に気負うことなくさらっと相手の気持ちをくすぐるようなひとことを発するのがポイントです。

　このように、ほめられたり、おだてられたりした場合の相手の反応は、謙遜や照れがほとんどです。そして謙遜や照れの先には、こちらに対する興味や関心があります。こちらに対する興味や関心のさらに先にはこちらに対する好意があります。

　悪感情をもたれていたり、警戒心を抱かれたりしている相手との交渉ほどやりづらく、難航する交渉はありません。逆に、好印象をもたれていたり、親近感を抱かれたりしている相手との交渉はやりやすく、容易な交渉になります。ですので、こちらから一歩相手に歩み寄って、相手から好印象や親近感を引き出すように進めていくことが重要です。

　こちらから相手に少しずつでも歩み寄りの姿勢を示していくことで、よけいな悪感情や警戒心を取り除いていけば、交渉自体もやりやすくなり、一気に解決に到達できたりすることもあるのです。

駆け引き

38
ほめる・おだてる

157

39.

駆け引き

脅　す

交渉の場面でお互いにエキサイトすることがあります。

人間は自分の思いどおりにならない事柄に対しては、感情が高ぶります。そのため、勢いあまって、ついつい「馬鹿野郎！」とか、「何度言えばわかるんだ！」とか、興奮気味の発言のやりとりが横行することがあります。

ですが、あくまで相手の立場に立って考えることで、このような非生産的なやりとりは避けることができます。あくまで交渉の場では紳士でなければなりません。興奮すればするほど揚げ足をとられ、かえって相手の感情を損なうことになりかねません。このような場合にこそ、努めて冷静に相手とやりとりをしてください。

こちらが冷静に対応しているのに、相手が勢いあまって、こちらを脅してくることもあります。

相手に脅された場合は、こっちのものです。

相手に犯罪が成立する可能性があることを明確に伝えます。「あなたの発言は○○罪にあたります。刑事告訴しますよ」などです。

たいていの場合、このひとことで相手の勢いは止まりますし、形勢を逆転することができます。エキサイトした交渉の中で成立しがちな犯罪は以下のとおりです。

① 傷害罪（刑法204条）

② 暴行罪（刑法208条）

③ 逮捕及び監禁罪（刑法220条）

④ 脅迫罪（刑法222条）

⑤ 強要罪（刑法223条）

⑥ 名誉毀損罪（刑法230条）

⑦ 侮辱罪（刑法231条）

⑧ 信用毀損罪及び業務妨害罪（刑法233条）

⑨ 威力業務妨害罪（刑法234条）

⑩ 恐喝罪（刑法249条）

条文の内容を一度読んでおかれるとよいと思います。

さらにエキサイトしてきた場合には？

相手をけん制しても全く功を奏さない場合には、すぐ警察に相談しましょう。警察から連絡してもらうだけでも効果がありますし、被害が明確な暴行や傷害の場合には、実際に警察が相手を逮捕してくれることもあります。逮捕されると、警察の留置場で何泊かすることになります。そうすると相手も頭を冷やすでしょうし、今後の刑事手続での処分を軽くしたいという心境に変わり、その後の交渉の中で思わぬ成果を得ることもできると思います。交渉は心理戦なので、思わぬ成果とまではいか

なくても、交渉自体を有利に展開していける可能性はより一層高まります。

◆**刑法204条（傷害）**

人の身体を傷害した者は、15年以下の懲役又は50万円以下の罰金に処する。

◆**刑法208条（暴行）**

暴行を加えた者が人を傷害するに至らなかったときは、２年以下の懲役若しくは30万円以下の罰金又は拘留若しくは科料に処する。

◆**刑法220条（逮捕及び監禁）**

不法に人を逮捕し、又は監禁した者は、３月以上７年以下の懲役に処する。

◆**刑法222条（脅迫）**

1　生命、身体、自由、名誉又は財産に対し害を加える旨を告知して人を脅迫した者は、２年以下の懲役又は30万円以下の罰金に処する。

2　親族の生命、身体、自由、名誉又は財産に対し害を加える旨を告知して人を脅迫した者も、前項と同様とする。

◆**刑法223条（強要）**

1　生命、身体、自由、名誉若しくは財産に対し害を加える旨を告知して脅迫し、又は暴行を用いて、人に義務のないことを行わせ、又は権利の行使を妨害した者は、３年以下の懲役に処する。

2　親族の生命、身体、自由、名誉又は財産に対し害を加える旨を告知して脅迫し、人に義務のないことを行わせ、又は権利の行使を妨害した者も、前項と同様とする。

3　前２項の罪の未遂は、罰する。

◆**刑法230条（名誉毀損）**

1　公然と事実を摘示し、人の名誉を毀損した者は、その事実の有

無にかかわらず、3年以下の懲役若しくは禁錮又は50万円以下の罰金に処する。

2　死者の名誉を毀損した者は、虚偽の事実を摘示することによってした場合でなければ、罰しない。

◆刑法231条（侮辱）

事実を摘示しなくても、公然と人を侮辱した者は、拘留又は科料に処する。

◆刑法233条（信用毀損及び業務妨害）

虚偽の風説を流布し、又は偽計を用いて、人の信用を毀損し、又はその業務を妨害した者は、3年以下の懲役又は50万円以下の罰金に処する。

◆刑法234条（威力業務妨害）

威力を用いて人の業務を妨害した者も、前条の例による。

◆刑法249条（恐喝）

1　人を恐喝して財物を交付させた者は、10年以下の懲役に処する。

2　前項の方法により、財産上不法の利益を得、又は他人にこれを得させた者も、同項と同様とする。

40.

記　録

メモのとり方と記録
の残し方

メモのとり方を意識してください。

　メモをとることは交渉においてとても重要な行為です。なぜメモをとることが重要なのでしょうか？

　人の記憶はあいまいなものです。たとえば、昨日の晩に何を食べたかを尋ねられたらどうでしょうか？　すぐに答えられる人は60%くらいではないでしょうか？　一昨日の晩に何を食べたか尋ねられたらどうでしょうか？　すぐに答えられる人は15%くらいしかいないのではないでしょうか？　自分が食べたものですらこのありさまなのです。ましてや交渉の細かい内容がどうだったかを思い出すことは至難の業です。交渉は会話の積み重ねです。一瞬で終わる交渉はまれです。たいていの交渉はある程度の時間をかけて行われるのです。ですからメモを残していないとどのような話が行われていたかすら思い出せなくなります。このような状態だとめざすべき利益を獲得したりすることはとうてい困難です。だからメモに残して記憶を喚起する必要があるのです。

　また、メモをとるのは証拠を残すためです。とかく交渉においては後から「言った」、「言わない」というやりとりが起こり

第2章　交渉の場面で

162

がちです。このようなやりとりの中で決め手になるのは証拠の有無です。どちらの話が正しいのか。具体的で、迫真性があり、正確であれば、その話が重視されるのです。これは裁判の場面でも同じです。

ではどのようにメモをとるか？

まず、自分の記憶喚起のためにメモをとるという観点からは、メモに「誰が」、「どのような」発言をしたかを正確かつ適切に記録しておく必要があります。メモを見てどのような内容の話し合いが行われたのかが明らかになるように記録するべきです。またメモを見てどのような発言が、どのようなタイミングで、どのようなニュアンスで発せられたかがわかるように記録するべきです。

次に、紛争が起きた場合に備えて証拠を残すという観点からは、メモ自体に証拠としての価値が認められる形式と内容で残しておく必要があります。そのためには、①日時、②場所、③出席者、④発言内容、⑤受領した資料などを克明に記載しておく必要があります。そればかりかさらに一歩進めた工夫として、当日の天気を記載することも効果的です。天気の記載があることによってメモが意識的に高い注意力のもとで記録されたものであるという評価が得られます。せっかく記録するのですから意識的に証拠としての価値＝（イコール）証拠力を高める工夫をしながらメモをとるようにしてください。

[メモのとり方]

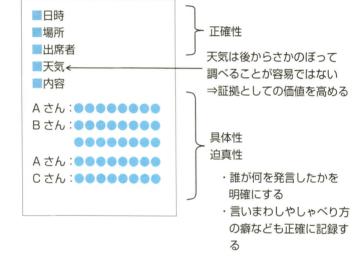

第3章 交渉のクローズの場面で

条件がまとまり交渉も最終局面です。ここでは、いわゆるクローズの場面で注意すべきポイントについて説明します。

　一瞬で終わるような交渉はまれで、たいていの交渉はある程度の時間をかけてようやくクローズに至ります。クローズは交渉の集大成です。これまで苦労して話し合いを進めてきた結果がようやく形になります。これまでの汗や努力の結実する場面です。

　終わりよければすべてよしといいますが、最後の詰めをしっかりと行ってようやく交渉も終了になります。

　これまで順調に話し合いを進めてきて、あと一歩の最後の最後で話がひっくり返されてしまったということもたくさんあります。

　長い間時間をかけて、労力を費やして、話し合いの席上ではほぼ合意に達っしていたにもかかわらず、最後の最後で相手の気分を損ねてクローズに至らなかったという話もよく耳にします。

　苦労して交渉を終えて無事にクローズを完了したにもかかわらず、クローズ時の内容が不十分なものだったために、後日、紛争が蒸し返されて大変な目にあったなんて話もよく見聞きします。

　クローズをしっかりと行わなければ、これまで費やしてきた

苦労が一瞬にして水泡に帰してしまいます。ですので、一番の
集中力をもってのぞむべきなのが、クローズの場面なのです。

　それでは、クローズの際の注意点をみていきましょう。

第3章　交渉のクローズの場面で

41. クローズの心がけ

交渉はクローズして初めて成立します。

　クローズは、交渉結果をまとめあげるための作業です。具体的には、示談書、覚書、合意書など、交渉当事者の合意事項をまとめた書面を作成して、当事者双方が内容を確認して、異論がないことを確認するために、そのペーパーに署名押印して完了させます。

　示談書、覚書、合意書、確認書などさまざまなタイトルが使われますが、どのタイトルでなければならないということはありません。交通事故や事件絡みの場合には示談書というタイトルが使われることが多いのですが、それ以外の場合にはそこまでタイトルに神経質になる必要はありません。

ここで重要なのはクローズまでの時間をかけないことです。

　たとえば、ずっと交渉を続けてきて、金曜日にある程度話し合いがまとまった場合でも、次の週には結論が変わっていたといったことはよくあります。

　人の気持ちは変わりやすいものです。そして、人は迷った場

合には消極的な判断をしがちなのです。どのような内容であっても決断した以上、リスクと責任が伴います。できれば皆リスクや責任を負担したくないと思っています。可能な限りリスクや責任は回避したい、本能的にそう考えています。

　実際に、私自身の経験でも、土日を挟んで、次の週に確認のために交渉相手に連絡したら結論が変わっていたといったことがこれまでにも何度もありました。だから、話し合いがまとまったら、相手の気が変わらないうちに、一気にクローズすることが重要です。

　また、買い物でこんな経験はありませんか？　その時は必要だと思って買ってきたけど、よくよく考えたら本当に必要だったのか考え直す……。人の気持ちは天気によっても変わるくらい変わりやすいものです。だから、クローズは一気に行う必要があります。

　示談書、合意書、確認書などの作成や確認にある程度の時間がかかる場合もあるかもしれません。ですが、そのような場合でも心がけとしてはクローズは一気に行うということを忘れないでください。社内での確認や弁護士への確認などいろいろあると思いますが、物理的に可能な限り急いでクローズを完了させることが望ましいと思います。

［クローズの際に作成する書面］

合意書	和解書	覚書	確認書

タイトルは違ってもすべて意味合いは同じである
大切なのは中に何が書いてあるか

第3章 交渉のクローズの場面で

42.

クローズ

適切な書面を取り交わそう！

　交渉が成立した際の成果物は、お互いが納得した条件を記載した書面を作成し、お互いにその書面の内容を確認して、サイン（署名押印あるいは記名捺印）をする書面です。

　基本的にはお互いに納得した内容を正しく記載していけばよいのですが多少注意が必要な点があります。

　まず、清算条項（せいさんじょうこう）を入れるということです。聞き慣れない言葉だと思います。内容は、「甲乙間には本合意書に定めるほか本件に関して何らの債権債務のないことを相互に確認する」などと表現したりします。この清算条項を規定することで、お互いの間の紛争はこの合意書の締結ですべて解決し、それ以外には存在しないということを確認するわけです。清算条項がなければ、苦労してようやく交渉が終結したかに思えたのに、相手から今度は違う内容の請求を受けて第2ラウンドがスタートしてしまうといったことが起きてしまいます。

　次に、協議条項です。これは、「万が一甲乙間に本合意書に関する紛争が生じた場合にはその都度協議を行い話し合いによって解決する」といった内容で表現したりします。この協議条項を規定することで、交渉相手が約束を守らなかったり、こち

ら側が約束を守れなかったりした場合に、まずはとにかくもう一度話し合いをして解決する途を残しておくのです。

　続いて、合意管轄条項です。交渉によって決まったことを相手が守らなかったらどうするか？　強制的にそれを実現させるために裁判を提起したりすることが考えられます。そして裁判には管轄（かんかつ）というものがあります。主張する権利の内容やトラブルの内容によっては、必ず自分にとって便利な裁判所で裁判が起こせるとは限らないのです。お互いが合意して定めた裁判所がなければ、法律の規定に従ってどこの裁判所になるのかの割り振りが決まっていきます。そのために、お互いに便利な裁判所をあらかじめ指定しておいたり、一方に有利な裁判所をあらかじめ要求しておいたりすることも、将来の紛争の備えとしては大切なことです。

　最後に、署名欄です。特に法人の場合には権限があることを確認する必要がありますし、そもそも目の前の相手が本人かなどしっかりと確認する必要があります。よく、「印鑑は実印じゃないとダメですか？」と質問を受けることもありますが、本人が面前で署名して自分の印鑑を押印するのであれば、認印でもかまいません。実際に、自分の名前を書かなかったり、自分の印鑑を押さなかったり、印鑑を押す時にわざと逆さに押したりして、後日に合意書自体の効力を争う余地を残そうとする悪い人がいたりしますし、そのような合意書の効力を争う訴訟を扱ったことは一度や二度ではありません。ぜひとも署名押印の際にも注意が必要だということを意識していただきたいと思います。

[清算条項]

> 合意書
>
> 第○条（清算条項）
> 甲乙間には本合意書に定める
> ほか何らの債権債務が存在し
> ないことを相互に確認する。

清算条項によって紛争の
蒸し返しを防ぐ

[協議条項]

> 合意書
>
> 第○条（協議条項）
> 万が一甲乙間に本合意書に関す
> る紛争が生じた場合には都度協
> 議を行い話し合いによって解決
> する。

協議条項によって話し合い
による解決の途を残す

クローズ

42 適切な書面を取り交わそう！

[合意管轄条項]

> 合意書
>
> 第○条（合意管轄）
> 甲及び乙は本件に関し万が一裁
> 判上の争訟が生じた場合には札
> 幌地方裁判所を第一審の管轄裁
> 判所とすることに合意する。

合意管轄条項によって将来
紛争が生じた場合に備える

[署名欄のチェックを怠らない]

> 合意書
>
> 平成○年○月○日
>
> 甲（住所）
> 　（氏名）　　　　　印
> 乙（住所）
> 　（氏名）　　　　　印

署名欄のチェックを怠らない
①権限はあるか
②印鑑は正式なものか
③同一人物か

43. 欲張りすぎない、勝ちすぎない

クローズ

　人間は欲張りな動物です。1つ目を得ると2つ目が欲しくなります。2つ目を得ると3つ目が欲しくなります。3つ目を得ると今度は4つ目が欲しくなります。人間の欲にはきりがありません。でも望むものすべてが手に入ることはありません。いつもないものねだりなのです。

　弁護士の仕事はとにかく毎日たくさんのトラブルに接する仕事です。私自身も朝から晩まで土日も関係なくとにかく紛争の渦中で暮らしています。そんな日常ですので普通の人が人生の中で経験する何百倍ものトラブルや紛争を経験しています。

　そのような経験からいえるのは、**得られないものを無理に得ようとすればするほど被害がどんどん拡大していくということです。**

　欲張れば欲張るほど事態が深刻化していくのです。そして世の中のトラブルの多くは、このような人間の強欲さに根差しているようにすら思います。

　足るを知って多くを求めないこと、そこそこで満足すること、交渉のクローズを滞りなく行うためにはそのような姿勢と意識

が大切だと考えています。

　人間に欲があったからこそ、科学も進歩し、文明もここまで発展してきました。だから欲も大切なものです。でも欲張ると良いことはありません。感情的なしこりを残し、トラブルの種を撒くようなものです。

　交渉では欲張りすぎないことが大切なのです。

第3章

交渉のクローズの場面で

176

44.

クローズ

今回で終わりではない

　世の中はつながっています。人間関係が希薄になったといわれても、将来、何がどうつながっていくかなんて誰もわかりません。

　だから、交渉は1回きりで終わりではないということを意識してください。今、10割引いても、将来、100を得れば交渉は大成功だと思います。今、5を譲っても、将来別の場面で8もらえれば交渉は大成功だと思います。交渉の成果をそのようにとらえることも大切なことだと思います。

　交渉の最終局面であるクローズの際には、相手を立てることを忘れないでください。相手の立場に立って考えることが交渉における基本的事項です。

　面子をつぶされたり、立場をなくされたりすると、相手は立ち直れなくなります。
　立ち直れなくなる以上に厄介なことは、根深い恨みを買う可能性があるということです。

　世の中はとても狭いと感じます。同じ地方や同じ業界であればなおさらです。相手を立てたことがまわりまわって自分にも

177

返ってきます。因果応報といいますが必ず自分に返ってくるのです。

　もし相手を徹底的に打ちのめすことが目的なのであれば、交渉ではなく裁判で戦えばよいのです。交渉はお互いに譲歩し合って妥協点を探り出すためのプロセスです。いっしょに同じ目的に向かって時間を共有しながら最終的に合意に達するのです。この合意に達する地点がゴールすなわちクローズの場面です。それまでにお互いに苦労し、汗を流し、時間を費やして、ようやくクローズの場面に到達します。同じゴールをめざしてお互いに苦労を重ねてきたのですから、それぞれの想いも理解できるのではないでしょうか。

　ですので、交渉のクローズの場面では、相手を立てることを忘れないでほしいと思います。お互いを尊重し合い、労をねぎらうくらいの心持ちでのぞむことができれば、きっと何かしら将来につながっていく何かを得られるのではないかと思います。繰り返しになりますが、交渉は戦いではありません。相手といっしょにゴールをめざすプロセスなのです。だからクローズの場面では、お互いのこれまでの経緯や努力をたたえ合う、そのような清々しい交渉をめざしてほしいと願っています。

第4章

弁護士による交渉のノウハウ Q&A

第1 交渉を進める前の基本姿勢

Q-1 一般的に「交渉」とは何でしょうか？

A **立場が異なり自由に意思決定できる当事者が納得するための話し合いです。**

一方的な意思決定で相手方を従わせる命令とは異なります。当事者のやりとりを第三者が判断する討論とは異なります。

Q-2 弁護士が行う交渉において心がけるべきことは何でしょうか？

A **弁護士の交渉はトラブルや紛争を解決するための共同作業です。**

自分の依頼者が少しでも得をすれば良いとか、少しでも多くの請求を認めさせて少しでも多くの成功報酬をもらおうといった邪念を捨てて、両当事者にとってあるべき解決は何かを見定めて、そこに着地できるように、それぞれの役割を果たしていく姿勢が大切です。

Q-3 弁護士が行う交渉の目的は？

A **トラブルや紛争を解決することです。**

弁護士は人権救済と社会正義の実現を使命としています。 1

件１件のトラブルや紛争を解決していきながら、あるべき社会秩序の実現をめざしていく姿勢を忘れてはなりません。

Q-4 弁護士が行う交渉の目標は？

A 当事者の納得です。

　そもそもトラブルや紛争に至っているのは、お互いに納得できない状態にいるためです。納得できない状態にいるのは、相互に誤解があったり、不理解があったりするのが原因なので、最終的にお互いに理解し合えたときに交渉が成立するわけです。相互理解のためのアクションを積み重ねていくことが大切です。

Q-5 弁護士が行う交渉のスタートラインで心がけるべきことは何でしょうか？

A 依頼者の本当の意向を確認することと、相手方の本当の意向を想像することです。

　依頼者自身も気づいていないことがありますので、面談時間を30分とか、１〜２回とか決めずに、依頼者と一緒に検討を進める中で、依頼者がめざすべき獲得目標を一緒に探っていく姿勢が大切です。一度設定した獲得目標は、基本的に最後まで変えません。

Q-6 依頼者の本当の意向を確認するうえで犯しがちな失敗は？

第４章

第１　交渉を進める前の基本姿勢

181

**A　説得しようとしてはいけません。あくまで納得をめ
ざしてください。**

　よく犯しがちな間違いは、難しい法的な言葉（おそらく依頼
者も十分に理解できていない）や法的な説明（ほとんどの依頼者
は全くわからない）を並べ立てて、たまに恫喝にも近いような
表現を用いたり、アレやコレやの手法を用いたりして、依頼者
を「説得」しようとすることです。説得された場合、相手には
ストレスが残ります。「説得」ではなく、「納得」を目指してく
ださい。

Q-7　交渉に先立ち大切なことは何ですか？

A　できるだけたくさんの選択肢を持つことです。

　最終的には、「自分は、あなたと合意しなくても、他に選択
肢がある」と言える状態をつくっておくことが大切です。たと
えば、コモディティ化した商品は、どれを買っても同じなので、
メーカーは消費者に選んでもらうために、価格競争を強いられ
ることになります。どんどん利益が薄くなり、たくさん売らな
ければ、たいした利益を獲得できないということになります。
他の選択肢がないと、相手の言いなりにならないと解決できな
くなってしまいます。

Q-8　交渉に先立ち次に大切なことは何ですか？

Ⓐ 相手の選択肢の数や内容を具体的に想像しておくことです。

　たとえば、裁判所から和解を進められることがあります。その際の判断基準は「判決になったらどうなるか？」です。裁判官の真意がわかれば判断に迷うことはありませんし、弁護士も100％の自信があれば迷うことはないのですが、大抵の場合、「判決になって、和解案よりも悪い結果になったらどうしよう……」という考えが頭をよぎるので、和解を受託する方向で考えがちです。そのため、交渉の場面でも、相手の立場に立って、相手の考え方や最終的な落とし所を探ることが大切です。そのためには、「自分が相手の弁護士だったどうだろう？」と考えて、想像することが必要です。

Q-9　交渉の方法としては、面会、電話、メール、書面、どの方法を基本とすべきですか？

Ⓐ 書面でのやりとりを基本とすべきです。

　①自分の備忘や、検討し忘れを防いだり、②言った、言わないを排除したり、③クライアントとの信頼関係を維持したり、④将来、裁判上の紛争に発展した際の証拠にするためにも書面でのやりとりを基本とすべきです。そのうえで、状況に応じて、面会や電話を織り交ぜていきます。ただし、面会や電話での交渉の場合にも、終了後の記録化に努める必要があります。

第4章

第1　交渉を進める前の基本姿勢

183

第2　交渉中の確認事項

Q-10　条件提示は最初にした方が良いですか？　後からした方が良いですか？

A　最初にした方が良いといわれることもありますが、後からの方が良いと思います。

　人は提示された条件を起点として、物事を考えてしまうようにできているといわれます。そのような意味では、最初にこちらが戦いやすい条件設定を示して「戦いやすい土俵の設定」を行った方が望ましいといわれています。このように最初に提示する条件によって、交渉相手の認識をコントロールすることを「アンカリング」といいます。ただし、弁護士間の協議の場合には「アンカリング」が通用しない場合も多いので、後からの方が良い場合が多いのではないでしょうか。また、先に、条件を提示してしまうと、相手は自分が不利にならない条件を設定することができてしまいます。後からの方が望ましいと考えたほうが良いと思います。

Q-11　条件に関する話合いの中で交渉中に気をつけることはありますか？

A　自分の選択肢の数や内容を明かさないことです。そして、相手が自分の選択肢をどう認識しているかを想像しながら進めることが大切です。

相手の選択肢を探ることと同じくらい大切なことは、自分の選択肢の数や内容の全てを明らかにしないことです。「自分は、あなたと合意しなくても、他に選択肢がある」といった姿勢を崩さないことが大切です。

Q-12 こちらから条件を提示するときの内容について意識すべきことはありますか？

A 常識的な範囲でできるだけ高めの条件から提示した方が望ましいと思います。

最終的に交渉で得られる果実は、最初においた目標以上にはなりません。また、交渉は相手の真意を探るプロセスです。そのため、たとえば、獲得目標を100万円に設定している場合には、150万円くらいの請求からスタートします。相手が「150万円は無理です。80万円なら依頼者を説得できるかもしれません……」などの回答を引き出しながら、落とし所を探っていくことになります。

Q-13 どのくらい高めの条件から提示した方が良いのでしょうか？

A ケースバイケースです。

お互いに弁護士を代理人にたてて行う交渉は、紛争解決に向けた共同作業です。事前に、同一のケースで、仮に自分の依頼者が相手の依頼者だったらと考えて、シミュレーションするこ

第4章

第2 交渉中の確認事項

185

とが大切です。

Q-14 こちらから条件を提示するときに、その他に注意すべきことはありますか？

A 期限を設定し、管理することです。

　相手から回答をもらいたい期限を設定して、それを管理するようにしてください。そうしないとダラダラと時間だけが過ぎていってしまいます。時間が過ぎると、お互いに情熱を維持することも難しくなっていきます。クライアントからの不満も溜まっていきます。クライアントの不満が溜まると、最終の解決の際に、クライアントの了解を得られないことがあります。

Q-15 相手から条件提示を受けたときに注意することはありますか？

A 相手にも立場があるので、本意ではないと考えてください。

　まずは、相手の提示条件は一切無視して、相手の立場に立って「自分が相手の立場だったらどのような条件提示を行うかな、最終的に合意可能な範囲はどこかな」と想像してみてください。そのあたりの想像が難しい場合には、合理的な理由を探したうえで、一度、ゼロベースの回答をすることも一考です。

Q-16 相手から条件提示を受けた後にどうすれば良いですか？

A まずはこちらで提示し得る常識的に考えうる最下限の条件を提示しましょう。

　まずはこちらが提示しうる最下限の条件を提示しましょう。そうすることで「合意可能な範囲」（すなわち交渉の土俵）を設定してください。その後は、条件を提示し合って、この「合意可能な範囲」を狭めていく流れで交渉を進めていきます。ゼロベースの回答をすべき場合もありますが、この場合であっても、話し合いの余地を残すための工夫というか、一定の前提をつけて話し合いでの解決の可能性を残しておくことを忘れないでください。

Q-17 譲歩するときの工夫はありますか？

A 条件付きで譲歩するようにしましょう。

　無条件で譲歩するのではなく、「○○を認めてくれたら、○○をしましょう」という形で条件付きの譲歩をすることで、相手の意向を探っていきます。たとえば、「こちらが支払う慰謝料の金額が30万円になるのであれば、謝罪文の提出に応じても良いかも知れません」といった形で条件付きの譲歩をします。ちなみに、条件は１つだと的が絞られてしまうので、選択肢は複数で設定します。たとえば、「毎月１万円の分割になってしまいそうですが、こちらが支払う金額は30万円ではどうでしょ

うか。ただ、謝罪文の提出は応じられません」といった感じです。

Q-18 相手が譲歩してきました。こちらも応じても良さそうな条件です。すぐに応じて良いですか？

A 一旦は考える時間をおきましょう。

「一度、検討させてください」「依頼者と相談させてください」「一度持ち帰らせてください」と言って、一旦は断りましょう。そのうえで、相手方が譲歩してきた背景を想像してください。そして、場合によっては、相手方の代理人の先生にも直接確認してみましょう。合理的な理由が想像できないのに、相手が譲歩してきたということは、①こちらの見落としがあったり、②こちらが想定している相手の獲得目標にずれがあったりして、交渉を継続することでさらなる譲歩を引き出せる余地もあるかもしれないからです。たとえば、家電量販店で2割引きで買った電子レンジがあるとして、家に帰ってよく考えらたら、「3割引きにできたのでは？」と疑念が湧いてくるような場合と同じです。

Q-19 条件がまとまった場合、示談書などの合意書面を作成する際の注意点はありますか？

A こちらから作成して提示することを基本姿勢にしましょう。

ひと手間かかりますが、自己点検の意味も含めて、こちらから提示した方が望ましいと思います。漏れがないか、適切な条件になっているかを今一度検討します。また、できるだけ交渉の途中で作成して、早期に提示し、その中で話し合いを進めていくことで、話し合いの土俵をこちらが設定することにもつながります。当然のことではありますが、合意管轄や清算条項（限定または無限定）等の設定も慎重に行いましょう。相手に代理人がついていないときは、文体やフォント等にも気を配りましょう。

第3　交渉術

Q-20　「A は良いけど、高い」「A は高いけど、良い」の 2 つの言葉はどちらが好印象ですか？

A　後者の方が好印象になるといわれています。

物事のプラス・マイナスの両方がある場合には、マイナス面を先に伝え、相手の記憶に残したいプラス面を後に伝えることで良い印象を記憶に残すことができるといわれています。

Q-21　伝えたい情報が複数ある場合には、どのような順番で伝える？

A　印象に残したい言葉を先に伝えた方が良いといわれています。

「腕が良い、人あたりが良い、よく話を聞いてくれる、高い」
「高い、腕が良い、人あたりが良い、よく話を聞いてくれる」
を比べてみてください。

Q-22 「A か B」だけで大丈夫？

A 二者択一よりも選択肢を増やした方が望ましい場合があります。

「A か B」だけだと、A か B を選ばなければならないような気になってしまいます。このような場合には「A か B か C か D」のように複数の選択肢を用意した方が望ましい場合があります。

Q-23 質問の仕方に工夫はありますか？

A 質問にはオープンクエスチョンとクローズドクエスチョンがあります。

たとえば、ホステスさんが「ワイン飲みたくなっちゃった。赤がいい？ 白がいい？」と言ってきた場合「断る」という選択肢は持ちづらくなります。これがクローズドクエスチョンです。他方で、「ボトル入れませんか？」と言ってきた場合「入れない」という選択肢を持てることになります。これがオープンクエスチョンです。場面ごとに自己責任でご利用ください。

Q-24 交渉場所の設定について注意すべきことはあるでしょうか？

A できるだけホームで交渉したほうが良いと思います。

　見慣れない場所にいると、脳の余裕がなくなります。新鮮な気持ちで対応するために自分の慣れた場所で交渉をした方が良いといわれています。

Q-25 交渉の時間帯の設定について注意すべきことはあるのでしょうか？

A 朝ではなく夕方の方が望ましいと思います。週の初めよりも週の終りが良いと思います。

　朝は気分が高まっていますが、夕方は気分が落ち着いているといわれます。また、週の終りの方が「早く解決してしまおう」と考えがちだといわれています。

Q-26 その他何か知っておいた方が良いことはありますか？

A 弁護士が使っている交渉の常套句のようなものがありますので、気をつけましょう。

　たとえば、よく使われる常套句としては、以下のようなものです。

第4章

第3 交渉術

191

① 「ご承知のとおり」「ご存知だと思いますが、……」

② 「依頼者に確認してみないとわかりません」

③ 「依頼者から聞いていた話とは違いますが、確認させて
   ください」

④ 「依頼者としては○○と言っているのですが、何とか説
   得したいと思います」

⑤ 「依頼者は怒っていて、100万円もらえないと裁判すると
   言っていますが……」

⑥ 「この提案はあくまで本件が交渉で解決する場合の提案
   なので、本件が話し合いで解決できない場合には撤回して
   ……」

第4　その他

Q-27　クライアントとの信頼関係を築くために何か
コツはありますか？

A　まずは共感できる点を探してください。

　仮に共感ができないような話の場合でも共感できる部分はあ
るはずです。自分との考え方の違いを探すのではなく、自分と
の共通点を探す姿勢が大切です。相手と同じようなタイミング
でうなずいたり、相手と同じようなスピードで話をしたり、た
まに大袈裟にリアクションすることも効果的だといわれます。

Q-28 クライアントとの信頼関係を維持するための
注意点はありますか？

A クライアントの信頼関係の推移を見誤らないことで
す。

　クライアントの信頼関係のピークは、受任契約の締結時と考
えましょう。黙っているとそこからどんどん信頼は下降してい
きます。だから、最初にすべてを説明します。すべてが予定調
和で進んでいけばクライアントの信頼を維持していくことがで
きます。下降線を食い止めるためには、コミュニケーションを
採り続けることです。具体的には、報告、連絡、相談をこまめ
に行い続けていくことです。

Q-29 相手の真意を知るためのコツはありますか？

A 相手を理解しようとすることです。

　まずは相手の立場に立って考えてみることです。その後、相
手から届いた書面の内容を何度も繰り返し読んだり、相手との
会話の中でのやりとりを記載したメモを見たりして、反復する
ことです。そしてまた相手の立場に立って考えることです。疑
問点もあると思います。その際にも「なぜ、相手はこんなこと
を言ってきているのかな？」「相手の代理人の先生はどうして
こんなことを言ってきているのかな？」等と想像力を働かせて
考えると相手の真意を知るとっかかりがでてくることがありま
す。

第4章

第4　その他

193

Q-30 相手に理解してもらうためのコツはあります
か？

A 相手に信頼してもらえるようになることです。

　相手に信頼してもらえるためには、誠実にふるまい、それを
しっかりと伝え、継続していくことです。書面の提出期限を守
る、約束を反故にしない等、１日１日、１件１件の積み重ねが
大切です。

おわりに

　交渉は相手の真意を探りながらお互いの妥協点を探すための
プロセスです。大切なのは相手の真意を探ることと、お互いの
妥協点を探すということです。相手の真意を探るためにはいろ
いろな工夫が必要になります。その工夫が本書で紹介したノウ
ハウです。一貫してお伝えしてきたのは、まずは相手の言い分
をよく聞いて、相手の言動をよく観察することです。そして相
手の気持ちを、感情を、思考を想像することです。

　人間は感情的な生き物です。あなたの交渉の相手は感情豊か
な人間です。感情の先に思考があります。ですので、相手の思
考を左右するためには相手の感情を揺さぶる必要があります。
そのためのノウハウが、ストーリーで語ったり、相手が決定し
やすいように理由をつけてあげたり、相手の優越感を利用する
ためにダメなふりをしたり馬鹿なふりをしたりといったもので
す。これらのノウハウが功を奏する場面は必ずあります。これ
らのノウハウは、私の実践的な経験に基づいて蓄積してきたも
のですが、これらがすべてではありません。どのように相手の
感情に働きかけるか、相手を注意深く観察して、必死に、そし
て真剣に考え抜いてこそ、新しいノウハウは生まれていきます。
その基本にあるのは、交渉によってより良い成果を獲得したい
という強い想いと、お互いにとって利になる交渉を行いたいと
の願いです。

　交渉には相手があります。交渉も、そのためのノウハウも相
手を打ち負かしたり、相手の弱みに付け込んだり、相手の揚げ

足をとったり、こちらだけが一方的に利を得るためのプロセスではありません。交渉の方法によっては、お互いに Win-Win の、お互いに利を分かち合うことが可能だと考えていますし、それこそが本書のめざす交渉の到達点です。

　本書が皆様にとって多少なりとも有益な書になることを願っています。そして、世の中に１つでも多くの笑顔が増えていくことを願っています。

おわりに

〔著者略歴〕

奥 山 倫 行（おくやま　のりゆき）

アンビシャス総合法律事務所・弁護士

（経歴）

1993年3月	北海道立札幌南高等学校卒業
1998年3月	慶應義塾大学法学部法律学科卒業
2001年3月	慶應義塾大学大学院法学研究科修士課程修了
2001年4月	最高裁判所司法研修所入所（55期）
2002年10月	第二東京弁護士会登録
	TMI総合法律事務所入所
2007年2月	TMI総合法律事務所退所
2007年4月	札幌弁護士会登録
	アンビシャス総合法律事務所設立
2010年6月	株式会社HVC（HVC, Inc.）監査役就任（〜2011年7月）
2011年8月	北海道ベンチャーキャピタル株式会社（旧 株式会社HVC）監査役就任（〜2019年6月）
2013年4月	医療法人社団一心会 理事就任
2013年9月	札幌商工会議所 相談員就任
2014年9月	エコモット株式会社 監査役就任
2016年5月	北海道よろず支援拠点 コーディネーター就任
2017年12月	株式会社LEGALAID 代表取締役就任
2019年6月	北海道ベンチャーキャピタル株式会社 社外取締役就任

（重点取扱分野）

　起業／株式公開支援／知的財産／ M&A ／コプライアンス
／リスクマネジメント／不祥事対応／クレーム対応

〔事務所所在地〕

アンビシャス総合法律事務所

〒060-0042　北海道札幌市中央区大通西11丁目4-22
　　　　　　　第2大通藤井ビル8階

TEL　011-210-7501（代表）

FAX　011-210-7502

URL　http://ambitious.gr.jp

弁護士に学ぶ！
交渉のゴールデンルール〔第2版〕

2019年9月8日　第1刷発行

定価　本体2,000円＋税

著　者　奥山　倫行
発　行　株式会社　民事法研究会
印　刷　株式会社　太平印刷社

発行所　株式会社　民事法研究会
　　　　〒150-0013　東京都渋谷区恵比寿3-7-16
　　　　〔営業〕TEL03(5798)7257　FAX03(5798)7258
　　　　〔編集〕TEL03(5798)7277　FAX03(5798)7278
　　　　http:www.minjiho.com/　info@minjiho.com

落丁・乱丁はおとりかえします。ISBN978-4-86556-317-7 C2034 ￥2000E
カバーデザイン：袴田　峯男

リスク管理実務マニュアルシリーズ

様々なクレーム・不当要求やトラブル事例に適切に処理するためのノウハウと関連書式を開示！

悪質クレーマー・反社会的勢力対応実務マニュアル
─リスク管理の具体策と関連書式─

藤川 元 編集代表 市民と企業のリスク問題研究会 編（Ａ５判・351頁・定価 本体3800円＋税）

会社役員としての危急時の迅速・的確な対応のあり方、および日頃のリスク管理の手引書！

会社役員のリスク管理実務マニュアル
─平時・危急時の対応策と関連書式─

渡邊 顯・武井洋一・樋口 達 編集代表 成和明哲法律事務所 編（Ａ５判・432頁・定価 本体4600円＋税）

従業員による不祥事が発生したときに企業がとるべき対応等を関連書式と一体にして解説！

従業員の不祥事対応実務マニュアル
─リスク管理の具体策と関連書式─

弁護士 安倍嘉一 著 （Ａ５判・328頁・定価 本体3400円＋税）

社内（社外）通報制度の導入、利用しやすいしくみを構築し、運用できるノウハウを明示！

内部通報・内部告発対応実務マニュアル
─リスク管理体制の構築と人事労務対応策Ｑ＆Ａ─

阿部・井窪・片山法律事務所 石嵜・山中総合法律事務所 編（Ａ５判・255頁・定価 本体2800円＋税）

弁護士・コンサルティング会社関係者による実務に直結した営業秘密の適切な管理手法を解説！

営業秘密管理実務マニュアル
─管理体制の構築と漏えい時対応のすべて─

服部 誠・小林 誠・岡田大輔・泉 修二 著 （Ａ５判・284頁・定価 本体2800円＋税）

企業のリスク管理を「法務」・「コンプライアンス」双方の視点から複合的に分析・解説！

法務リスク・コンプライアンスリスク管理実務マニュアル
─基礎から緊急対応までの実務と書式─

阿部・井窪・片山法律事務所 編 （Ａ５判・764頁・定価 本体6400円＋税）

情報漏えいを防止し、「情報」を有効活用するためのノウハウを複合的な視点から詳解！

企業情報管理実務マニュアル
─漏えい・事故リスク対応の実務と書式─

長内 健・片山英二・服部 誠・安倍嘉一 著 （Ａ５判・442頁・定価 本体4000円＋税）

発行 民事法研究会
〒150-0013 東京都渋谷区恵比寿3-7-16
（営業）ＴＥＬ03-5798-7257 ＦＡＸ03-5798-7258
http://www.minjiho.com/ info@minjiho.com

実務に役立つ実践的手引書

典型契約・非典型契約をめぐる成立の存否、解約の有効性、当事者の義務等の事件対応を解説！

事例に学ぶ**契約関係事件入門**
―事件対応の思考と実務―

契約関係事件研究会　編　　　　　　　　　　　　　（Ａ５判・386頁・定価 本体3300円＋税）

実際の条文作成や審査に必要となるノウハウ・必修知識を条文変更例などとともに明示！

業務委託**（アウトソーシング）**
契約書の作成と審査の実務

滝川宜信　著　　　　　　　　　　　　　　　　　　（Ａ５判・616頁・定価 本体5500円＋税）

多様な企業戦略に沿った各種契約条項の基本例・変更例・応用例を提示した実践的手引書！

M&A・アライアンス契約書の作成と審査の実務

滝川宜信　著　　　　　　　　　　　　　　　　　　（Ａ５判・603頁・定価 本体5400円＋税）

契約書の基本から、専門用語や要点、後日のトラブルをなくすノウハウまでを、簡潔に解説！

ビジネス契約書の基本知識と実務〔第２版〕

弁護士　花野信子　著　　　　　　　　　　　　　　（Ａ５判・247頁・定価 本体2000円＋税）

紙媒体の出版と電子出版の出版契約について、改正著作権法の留意点を踏まえて解説！

電子書籍・出版の契約実務と著作権〔第２版〕

弁護士　村瀬拓男　著　　　　　　　　　　　　　　（Ａ５判・232頁・定価 本体2100円＋税）

判例を分析し、複数の契約を伴う取引で紛争を未然に防ぐ実務指針の指針を明示！

複数契約の理論と実務
―判例法理から契約条項作成まで―

小林和子・太田大三　編著　　　　　　　　　　　　（Ａ５判・324頁・定価 本体3200円＋税）

発行　**民事法研究会**　　〒150-0013　東京都渋谷区恵比寿3-7-16
（営業）TEL 03-5798-7257　FAX 03-5798-7258
http://www.minjiho.com/　　info@minjiho.com

実務に役立つ実践的手引書

現役裁判官が当事者、代理人の納得する紛争解決の考え方とノウハウを提示した待望の書！

和解・調停の手法と実践

田中 敦 編 （Ａ５判上製・699頁・定価 本体7000円＋税）

特許等の利用許諾等に関するライセンス契約を外国会社と行う際の契約文例と交渉のノウハウを示した実務書！

英文ライセンス契約実務マニュアル〔第3版〕
―誰も教えてくれない実践的ノウハウ―

小高壽一・中本光彦 著 （Ｂ５判・660頁・定価 本体8400円＋税）

柔軟な権利制限規定を整備した平成30年改正法・施行令・施行規則に完全対応！

著作権法〔第4版〕

岡村久道 著 （Ａ５判・552頁・定価 本体5500円＋税）

区分所有法に基づく反社会的勢力排除など、最新の動向や実例を収録し、書式と一体として解説！

仮処分等を活用した反社会的勢力対応の実務と書式〔第2版〕
―相談・受任から訴訟までの実践対策―

埼玉弁護士会民事介入暴力対策委員会 編 （Ａ５判・468頁・定価 本体4700円＋税）

新技術の導入にあたって、個人情報・知財等、有効な論点や実務を鳥瞰できる手引書！

第4次産業革命と法律実務
―クラウド・IoT・ビッグデータ・AIに関する論点と保護対策―

阿部・井窪・片山法律事務所 服部 誠・中村佳正・柴山吉報・大西ひとみ 著 （Ａ５判・270頁・定価 本体3300円＋税）

不正の発見、内部調査・事実認定、社内方針の決定、マスコミ対応まで、不祥事対応の決定版！

ゼミナール 企業不正と日本版司法取引への実務対応
―国際カルテルへの対応まで―

弁護士 山口幹生・弁護士 入江源太 著 （Ａ５判・329頁・定価 本体3800円＋税）

発行 **民事法研究会**
〒150-0013 東京都渋谷区恵比寿3-7-16
（営業）TEL 03-5798-7257　FAX 03-5798-7258
http://www.minjiho.com/　info@minjiho.com

実務に役立つ実践的手引書

少額訴訟債権執行手続を手続の流れに沿って豊富な書式・記載例で確認でき、執務中の不意の疑問も解消！

簡裁民事ハンドブック③
＜少額訴訟債権執行編＞〔第2版〕

近藤　基　著　　　　　　　　　　　　　（Ａ5判・211頁・定価 本体2400円＋税）

改正入国管理法をはじめ「働き方改革」による各種関連法の改正にも完全対応し、大幅改訂！

外国人雇用の実務必携Ｑ＆Ａ〔第2版〕
―基礎知識から相談対応まで―

本間邦弘・坂田早苗・大原慶子・渡　匡・西川豪康・福島継志 著（Ａ5判・331頁・定価 本体3600円＋税）

Ｖチューバーとの業務委託契約、SNS上の権利侵害やエンタメ業界の労働問題など8設問を新設！

エンターテインメント法務Ｑ＆Ａ〔第2版〕
―権利・契約・トラブル対応・関係法律・海外取引―

エンターテインメント・ロイヤーズ・ネットワーク　編　　（Ａ5判・398頁・定価 本体4200円＋税）

契約類型別に裁判例を分類・分析し、「事案の特徴」「判決文」「判決の特徴と意義」の順で懇切・丁寧に解説！

判例　消費者契約法の解説
―契約類型別の論点・争点の検証と実務指針―

升田　純　著　　　　　　　　　　　　　（Ａ5判・373頁・定価 本体4000円＋税）

民法(債権法)・民事執行法・商法等の改正を収録するとともに、船舶執行関連の法改正にも対応させ改訂！

書式　不動産執行の実務〔全訂11版〕
―申立てから配当までの書式と理論―

園部　厚　著　　　　　　　　　　　　　（Ａ5判・689頁・定価 本体6100円＋税）

宗教法人法・墓埋法・労働関係法・情報法・税法、その他日常業務に関連する書式例132件を収録！

宗教法人実務書式集

宗教法人実務研究会　編　　　　　　　　（Ａ5判・345頁・定価 本体4000円＋税）

発行 ㊝ 民事法研究会　　〒150-0013 東京都渋谷区恵比寿3-7-16
（営業）TEL 03-5798-7257　FAX 03-5798-7258
http://www.minjiho.com/　info@minjiho.com

【弁護士に学ぶシリーズ】 信頼と実績の法律実務書　【奥山倫行 著】

― 弁護士が教える実践的スキル！ ―

2014年4月刊 自らの体験を踏まえて、債権者自ら対応できるノウハウを惜しげもなく開示！

弁護士に学ぶ！
債権回収のゴールデンルール
―迅速かつ確実な実践的手法―

　債権回収にあたっての心構えから債権が滞らないための備え、実際の回収手法まで、豊富な図表を織り込み平易に解説！　取引先の情報の管理の仕方、新規取引にあたっての留意点、法律を使った効果的な回収方法など密度の濃い情報が満載！

弁護士　奥山倫行 著　　　　　　　　　　（四六判・277頁・定価 本体1800円＋税）

2014年8月刊 転ばぬ先の杖として、また、有事の備えとして必携となる1冊！

弁護士に学ぶ！
クレーム対応のゴールデンルール
―迅速かつ確実な実践的手法―

　心構えから予防方法、柔軟・公平・公正・迅速な対応手法を、豊富な図を織り込み具体的に解説！　受付から調査・確認、対応策の決定、クレーム予防に向けた社内の体制の構築、指針作成および意識改革まで、自らできるノウハウを開示！

弁護士　奥山倫行 著　　　　　　　　　　（四六判・232頁・定価 本体1600円＋税）

2016年1月刊 適切なタイミングで効果的な一手を打つための手法を紹介！

成功する！
M＆Aのゴールデンルール
―中小企業のための戦略と基礎知識―

　各手続のメリット・デメリットから、外部協力者との連携、相手の見つけ方、契約書の内容からトラブルポイントまで丁寧に解説！　事業承継、事業拡大等を成功に導くための考え方を紹介！

弁護士　奥山倫行 著　　　　　　　　　　（Ａ５判・216頁・定価 本体2300円＋税）

2016年5月刊 トラブルを防止し適切な内容で契約を締結するための考え方を開示！

弁護士に学ぶ！
契約書作成のゴールデンルール
―転ばぬ先の知恵と文例―

　基礎知識から全体のフレーム、条項の配列・記載表現・役割等を豊富な図解とサンプル文例により丁寧に解説！　移転型・利用型・労務型・提携型の各類型からの注意点も紹介！

弁護士　奥山倫行 著　　　　　　　　　　（Ａ５判・228頁・定価 本体2100円＋税）

発行　民事法研究会　〒150-0013 東京都渋谷区恵比寿3-7-16
（営業）TEL03-5798-7257　FAX 03-5798-7258
http://www.minjiho.com/　　info@minjiho.com